Thomaz Wood Jr.
(Coordenador)

Gestão Empresarial

O Fator Humano

Cecília W. Bergamini
Estelle M. Morin
Eunice M. L. Soriano de Alencar
Fernando C. Prestes Motta
Hugo Pena Brandão
José Mauro da Costa Hernandez
Maria Ester de Freitas
Miguel P. Caldas
Paulo Durval Branco
Rafael Alcadipani
Sylvia Constant Vergara
Tomás de Aquino Guimarães

SÃO PAULO
EDITORA ATLAS S.A. – 2002

© 2002 by EDITORA ATLAS S.A.

1. ed. 2002; 3ª tiragem

Capa: Rogério Caetano/Maiby Lira
Composição: Set-up Time Artes Gráficas

Dados Internacionais de Catalogação na Publicação (CIP)
(Câmara Brasileira do Livro, SP, Brasil)

Gestão empresarial : o fator humano / Coordenador Thomaz Wood Jr. -- São Paulo : Atlas, 2002.

Vários autores.
Bibliografia.
ISBN 85-224-3229-5

1. Administração de empresas 2. Administração pessoal 3. Comportamento organizacional I. Wood Junior, Thomaz.

02-3823 CDD-658.3

Índices para catálogo sistemático:

1. Administração de recursos humanos : Gestão empresarial 658.3
2. Recursos humanos : Gestão : Administração de empresas 658.3

TODOS OS DIREITOS RESERVADOS – É proibida a reprodução total ou parcial, de qualquer forma ou por qualquer meio. A violação dos direitos de autor (Lei nº 9.610/98) é crime estabelecido pelo artigo 184 do Código Penal.

Depósito legal na Biblioteca Nacional conforme Decreto nº 1.825, de 20 de dezembro de 1907.

Impresso no Brasil/*Printed in Brazil*

SUMÁRIO

Sobre os autores, 7

Diretores da RAE, 9

Apresentação, 11

1 SENTIDOS DO TRABALHO (*Estelle M. Morin*), 13
   Introdução, 13
   Organização do trabalho, 14
       Características do emprego, 15
       Concepção dos sistemas sociotécnicos, 16
   Pesquisa de campo, 18
       Que é trabalho?, 19
       Características de um trabalho que tem sentido, 23
   Organizar o trabalho para que ele tenha um sentido, 25
       Trabalho que tem sentido é feito de maneira eficiente e leva a alguma coisa, 25
       Trabalho que tem sentido é intrinsecamente satisfatório, 27
       Trabalho que tem sentido é moralmente aceitável, 28
       Trabalho que tem sentido é fonte de experiências de relações humanas satisfatórias, 28
       Trabalho que tem sentido garante segurança e autonomia, 29

Trabalho que tem sentido é trabalho que mantém ocupado, 29
Implicações para a transformação das organizações e a organização do trabalho, 30
Referências bibliográficas, 32

2   EMPRESA HUMANIZADA: A ORGANIZAÇÃO NECESSÁRIA E POSSÍVEL (*Sylvia Constant Vergara* e *Paulo Durval Branco*), 35
Introdução, 35
Empresa e sociedade, 37
Desenvolvimento e insatisfação: faces de uma era de contrastes, 39
Natureza da crise e possibilidades de superação, 41
O papel das empresas diante da inadiável necessidade de conciliação entre competitividade e humanização, 45
Ações de empresas humanizadas, 47
Conclusão, 51
Referências bibliográficas, 52

3   GESTÃO DE COMPETÊNCIAS E GESTÃO DE DESEMPENHO (*Hugo Pena Brandão* e *Tomás de Aquino Guimarães*), 55
Introdução, 55
Gestão de competências: principais características e aplicações, 56
Gestão de desempenho: principais características e aplicações, 60
Gestão de competências *versus* gestão de desempenho, 63
Conclusões, 66
Referências bibliográficas, 68

4   RESISTÊNCIA À MUDANÇA (*José Mauro da Costa Hernandez* e *Miguel P. Caldas*), 71
Introdução, 71
"Resistência à mudança" em análise organizacional, 73
     Fundamentos conceituais da idéia de "resistência à mudança", 73
     "Resistência à mudança" hoje, 74
     Uma crítica aos modelos correntes de "resistência à mudança" e a seus pressupostos, 75
Em busca de um modelo de resistência individual à mudança, 80
     A dinâmica da percepção: um caminho para entender a resistência individual à mudança?, 80
     O modelo de resistência individual à mudança, 83
     Estágios, 86
     O papel dos moderadores individuais e situacionais, 89
Discussão, 91

    Contribuições teóricas e práticas, 91
    Limitações, 92
  Conclusão, 94
  Referências bibliográficas, 95

5 A CRIATIVIDADE NAS ORGANIZAÇÕES (*Eunice M. L. Soriano de Alencar*), 99
  Características pessoais que se relacionam com criatividade, 100
  Fatores de ordem sociocultural, 103
  Ambiente de trabalho e criatividade, 105

6 A DIFÍCIL GESTÃO DAS MOTIVAÇÕES (*Cecília W. Bergamini*), 111
  Qual é o cenário de trabalho atual?, 112
  Onde entra a motivação?, 115
  O controle faz evaporar a motivação, 118
  As diferentes faces da motivação, 120
  Auto-estima é a grande meta, 125
  Perigos da desmotivação, 128

7 ASSÉDIO MORAL E ASSÉDIO SEXUAL (*Maria Ester de Freitas*), 131
  Introdução, 131
  Assédio moral, 132
    Violência privada, 133
    Assédio moral nas organizações, 134
    Como o agressor impede a vítima de reagir, 138
  Assédio sexual, 140
    Assédio sexual não é novidade, 140
    Assédio sexual não é cantada, é chantagem, 142
    Assédio sexual não é sedução, 143
    Assédio sexual e cultura brasileira, 146
    Assédio sexual e organizações, 148
  Práticas perversas nas organizações, 150
  Referências bibliográficas, 153

8 JEITINHO BRASILEIRO, CONTROLE SOCIAL E COMPETIÇÃO (*Fernando C. Prestes Motta* e *Rafael Alcadipani*), 155
  Referências bibliográficas, 164

9 ENXUGAMENTO DE PESSOAL NO BRASIL (*Miguel P. Caldas*), 167
  Introdução, 167
  Revisão teórica, 169
    Efeitos na organização, 169

　　　　Efeitos nos indivíduos demitidos, 171
　　　　Efeitos nos remanescentes, 171
　　　　Fatores moderadores: é possível atenuar os efeitos do enxugamento?, 172
　　Desenho e metodologia da pesquisa, 174
　　　　A coleta de dados, 175
　　　　Metodologia de análise de dados, 176
　　Resultados e análise, 178
　　　　Explorando a influência dos moderadores nos efeitos, 180
　　　　Implicações da pesquisa e conclusão, 185
Referências bibliográficas, 187

SOBRE OS AUTORES

Cecília Whitaker Bergamini
Professora do Departamento de Administração Geral e Recursos Humanos da FGV-EAESP.
E-mail: cila@fgvsp.br

Estelle M. Morin
Psicóloga e professora da Ecole des Hautes Etudes Commerciales (HEC).
E-mail: estelle.morin@hec.ca

Eunice M. L. Soriano de Alencar
Professora do Programa de Mestrado em Educação da Universidade Católica de Brasília.
E-mail: ealencar@pos.ucb.br

Fernando C. Prestes Motta
Professor do Departamento de Administração Geral e Recursos Humanos da FGV-EAESP.
E-mail: fmotta@fgvsp.br

Hugo Pena Brandão

Mestre em Administração de Empresas pela Universidade de Brasília (UnB).
E-mail: hugopb@tba.com.br

José Mauro da Costa Hernandez

Administrador de empresas e mestre em Administração de Empresas pela FEA-USP e doutorando em Administração de Empresas pela FGV-EAESP.
E-mail: jmhernandez@fgvsp.br

Maria Ester de Freitas

Professora e pesquisadora do Departamento de Administração Geral e Recursos Humanos da FGV-EAESP.
E-mail: mfreitas@fgvsp.br

Miguel P. Caldas

Administrador de Empresas pela UnB, mestre e doutor em Administração de Empresas pela FGV-EAESP, professor do Departamento de Administração Geral e Recursos Humanos da FGV-EAESP e consultor de empresas.
E-mail: mcaldas@fgvsp.br

Paulo Durval Branco

Mestre em Administração pela PUC-RJ, professor da PUC-RJ e FGV-RJ, diretor da AMCE Negócios Sustentáveis e consultor da Vision Desenvolvimento de Pessoas.
E-mail: pbranco@amce.com.br

Rafael Alcadipani

Mestrando em Administração de Empresas na FGV-EAESP.
E-mail: ralcadipani@gvmail.br

Sylvia Constant Vergara

Mestre em Administração pela FGV-EBAP, doutora pela UFRJ, coordenadora de cursos de educação continuada da FGV-RJ e professora da FGV-EBAD.
E-mail: vergara@fgv.br

Tomás de Aquino Guimarães

Mestre em Administração pela FGV-EAESP, doutor em Sociologia pela USP, professor e coordenador do curso de mestrado em Administração da Universidade de Brasília (UnB).
E-mail: tomas@unb.br.

Diretores da *RAE*

Maio/1961 a junho/1965	Raimar Richers
Julho/1965 a dezembro/1966	Yolanda F. Balcão
Janeiro/1967 a junho/1968	Carlos Osmar Bertero
Julho/1968 a junho/1969	Ary Bouzan
Julho/1969 a junho/1971	Orlando Figueiredo
Julho/1971 a dezembro/1972	Manoel Tosta Berlinck
Janeiro/1973 a junho/1975	Robert N. V. C. Nicol
Julho/1975 a março/1980	Luiz Antonio de Oliveira Lima
Abril/1980 a março/1982	Sérgio Micelli Pessoa de Barros
Abril/1982 a dezembro/1983	Yoshiaki Nakano
Janeiro/1984 a setembro/1985	Sérgio Micelli Pessoa de Barros
Outubro/1985 a setembro/1989	Maria Cecília Spina Forjaz
Outubro/1989 a dezembro/1989	Maria Rita Garcia L. Durand
Janeiro/1990 a setembro/1991	Gisela Taschner Goldenstein

Outubro/1991 a novembro/1995	Marilson Alves Gonçalves
Dezembro/1995 a dezembro/2000	Roberto Venosa
Janeiro/2001	Thomaz Wood Jr.

APRESENTAÇÃO

Nas últimas décadas, a Administração de Empresas e a Gestão de Recursos Humanos desenvolveram-se expressivamente em nosso país.

A *RAE – Revista de Administração de Empresas*, com 41 anos de publicação ininterrupta, acompanhou e fez parte de todo esse processo, sempre buscando posicionar-se como fonte de leitura crítica e reflexiva.

Em 2001, lançamos o livro *Gestão empresarial: 8 propostas para o terceiro milênio*. A repercussão da obra, já em sua segunda reimpressão, motivou-nos a desenvolver este segundo volume, totalmente voltado para temas relacionados ao "fator humano".

Esta edição foi possível graças ao esforço de toda a Equipe *RAE* – Mônica Freitas, Roseli Mazário, Bernardete Bonelho, Beatriz Maria Braga Lacombe, Ilda Fontes, Roberta Almeida, Annita Costa Malufe, Thais Amorim Fernandes e Andréa Leite Rodrigues –, e ao apoio de Ailton Brandão, da Editora Atlas.

Expresso aqui o desejo de todos os autores, de que esta obra proporcione aos leitores alimento para a mente e para a alma.

Boa leitura!

Thomaz Wood Jr.
Editor e Diretor – RAE

1

SENTIDOS DO TRABALHO*

Estelle M. Morin

INTRODUÇÃO

Assistimos hoje a transformações importantes no mundo do trabalho. Novas formas de organização aparecem, e a natureza modifica-se. Observamos o desaparecimento de empregos permanentes e, simultaneamente, o aparecimento de novas tecnologias e formas inovadoras de organização do trabalho. Ao mesmo tempo em que milhares de pessoas sofrem pela falta de uma vaga, outras sofrem pelo fato de terem que trabalhar excessivamente.

O trabalho conserva um lugar importante na sociedade. Para a pergunta: "se você tivesse bastante dinheiro para viver o resto da sua vida confortavelmente sem trabalhar, o que você faria com relação ao trabalho?", mais de 80% das pessoas pesquisadas respondem que trabalhariam mesmo assim (Morin, 1997; Morse e Weiss, 1955; Tausky, 1969; Kaplan e Tausky, 1974; Mow, 1987; Vecchio, 1990). As principais razões são as seguintes: para rela-

---

* Este artigo é fruto de uma pesquisa financiada pela Direção de Pesquisa da HEC, Montreal. Tradução de Angelo Soares, professor de comportamento organizacional da Université du Québec à Montreal (UQAM). Artigo publicado originalmente na *RAE – Revista de Administração de Empresas*, São Paulo, v. 41, nº 3, p. 8-19, jul./set. 2001.

cionar-se com outras pessoas, para ter o sentimento de vinculação, para ter algo que fazer, para evitar o tédio e para ter um objetivo na vida.

O trabalho representa um valor importante, exerce uma influência considerável sobre a motivação dos trabalhadores e também sobre sua satisfação e produtividade (Herzbert, 1966, 1980, 1996; Hackman e Suttle, 1977). Vale a pena, então, tentar compreender o sentido do trabalho hoje e determinar as características que deveria apresentar a fim de que tenha um sentido para os que o realizam.

O objetivo deste artigo é identificar a comentar as características atribuídas a um trabalho que tem um sentido, com o objetivo de orientar as decisões e as intervenções das pessoas responsáveis por processos de transformação que têm impacto sobre a organização do trabalho.

Organização do Trabalho

Os problemas de desempenho representam uma parte importante das preocupações dos administradores. Para resolvê-los, foram construídos mecanismos de gestão que visam identificar rapidamente os desvios de desempenho, determinar suas origens e corrigi-los. Apesar dos esforços investidos nas atividades de controle, vários problemas de produtividade persistem, fazendo os administradores acreditarem que o desempenho organizacional depende das decisões e dos comportamentos dos que realizam o trabalho e dos que são responsáveis pela administração de sua progressão. Entretanto, os esforços para reorientar os comportamentos fora dos padrões e para reforçar os comportamentos produtivos ainda não são suficientes para solucionar os problemas de produtividade enfrentados pelas empresas. Ketchum e Trist (1992) acreditam que os problemas de desempenho organizacional dependem da organização do trabalho e, mais precisamente, do grau de correspondência entre as características das pessoas e as propriedades das atividades desempenhadas.

O princípio que guia a organização do trabalho é o de modificar os comportamentos de tal forma que, gradualmente, os trabalhadores sejam conduzidos a desenvolver atitudes positivas com relação às funções executadas, à empresa que os emprega e a eles próprios. É o comprometimento com o trabalho que constitui o principal indicador de uma organização eficaz.

Vários modelos foram propostos para organizar o trabalho a fim de estimular o comprometimento. A seguir, descreveremos dois modelos: o das características do emprego, de Hackman e Oldham, e a concepção de sistemas sociotécnicos, de Emery e Trist. Esses modelos constituem o ponto de partida dos resultados que serão apresentados em nossa pesquisa.

Características do emprego

Hackman e Oldham (1976) propuseram um modelo que tenta explicar como as interações, as características de um emprego e as diferenças individuais influenciam a motivação, a satisfação e a produtividade dos trabalhadores. A Figura 1 mostra as principais variáveis desse modelo.

Como podemos ver, as cinco características do emprego conduzem a três estados psicológicos que engendram conseqüências sobre as atitudes e os comportamentos das pessoas. As relações entre esses três conjuntos de variáveis seriam moderadas pela necessidade de crescimento da pessoa: um indivíduo com forte necessidade de crescimento seria mais sensível a um emprego enriquecido que um indivíduo com fraca necessidade.

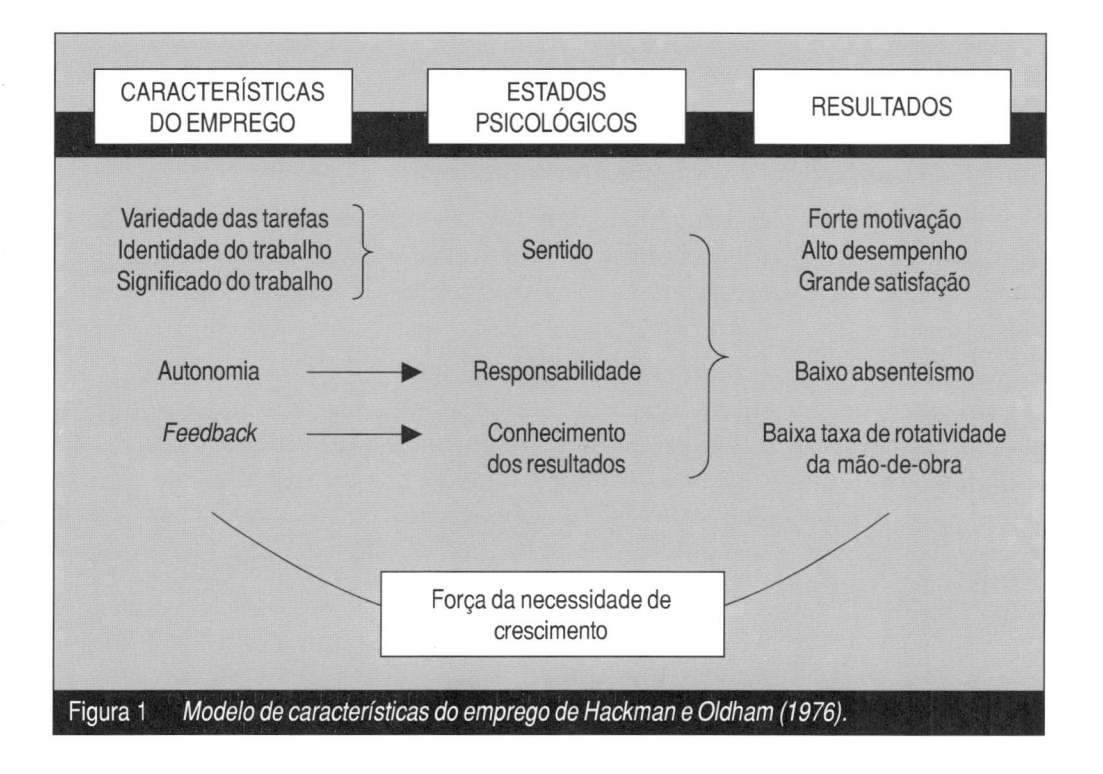

Figura 1   *Modelo de características do emprego de Hackman e Oldham (1976).*

Três estados psicológicos teriam, assim, um impacto importante na motivação e na satisfação de uma pessoa em seu trabalho: o sentido que ela encontra na função exercida, o sentimento de responsabilidade que vivencia em relação aos resultados obtidos e o conhecimento de seu desempenho no trabalho. Para Hackman e Oldham, um trabalho tem sentido para uma pessoa quando ela o acha importante, útil e legítimo.

Segundo seu modelo, três características contribuem para dar sentido ao trabalho:

1. A variedade das tarefas: a capacidade de um trabalho requerer uma variedade de tarefas que exijam uma variedade de competências.
2. A identidade do trabalho: a capacidade de um trabalho permitir a realização de algo do começo ao fim, com um resultado tangível, identificável.
3. O significado do trabalho: a capacidade de um trabalho ter um impacto significativo sobre o bem-estar ou sobre o trabalho de outras pessoas, seja em sua organização, seja no ambiente social.

A autonomia, ou seja, a capacidade de um trabalho deixar uma boa margem de liberdade, de independência e de discrição à pessoa, para ela determinar as maneiras de realizá-lo, traz consigo o sentimento de responsabilidade pela realização das tarefas e pela obtenção dos objetos fixados.

Finalmente, o *feedback*: capacidade de realizar as tarefas resulta da informação que o indivíduo obtém diretamente de seu desempenho, permitindo-lhe fazer os ajustes necessários para que alcance os objetivos de desempenho.

Desse modelo, Hackman e Oldham elaboraram cinco princípios de organização do trabalho, buscando conferir uma ou várias características do emprego: a reunião de tarefas, a formação da unidade natural de trabalho – o que deu lugar à formação de equipes de trabalho (semi) autônomas –, o estabelecimento de relações cliente-fornecedor, o enriquecimento das tarefas e a colocação em prática de mecanismos de *feedback* sobre o desempenho.

Concepção dos sistemas sociotécnicos

A partir de 1950, Eric Trist, do Instituto Tavistock de Londres, mostrava que a insatisfação dos trabalhadores no setor de minas no Reino Unido era causada menos pelo salário do que pela organização do trabalho. Em suas pesquisas, ele procurou compreender quais são as condições que levam ao comprometimento do indivíduo em seu trabalho. Com seus colegas, propôs a chamada abordagem sociotécnica. Esse modelo visa organizar o trabalho de tal forma que o comprometimento dos indivíduos seja estimulado e o desempenho organizacional possa ser melhorado. Trata-se, de fato, de organizar o trabalho de maneira a corresponder às motivações intrínsecas e extrínsecas dos trabalhadores (Ketchum e Trist, 1992). O Quadro 1 expõe as propriedades que tal trabalho apresenta.

Com base nas pesquisas realizadas por Emery (1964, 1976) e Trist (1978), o trabalho deve apresentar seis propriedades para estimular o comprometimento de quem o realiza:

1. A variedade e o desafio: o trabalho deve ser razoavelmente exigente – em outros termos que o de resistência física – e incluir variedade. Esse aspecto permite reconhecer o prazer que podem trazer o exercício das competências e a resolução dos problemas.

2. A aprendizagem contínua: o trabalho deve oferecer oportunidades de aprendizagem em uma base regular. Isso permite estimular a necessidade de crescimento pessoal.

3. Uma margem de manobra e a autonomia: o trabalho deve invocar a capacidade de decisão da pessoa. Deve-se reconhecer a necessidade de autonomia e o prazer retirado do exercício de julgamentos pessoais no trabalho.

4. O reconhecimento e o apoio: o trabalho deve ser reconhecido e apoiado pelos outros na organização. Esse aspecto estimula a necessidade de afiliação e vinculação.

5. Uma contribuição social que faz sentido: o trabalho deve permitir a união entre o exercício de atividades e suas conseqüências sociais. Isso contribui à construção da identidade social e protege a dignidade pessoal. Esse âmbito do trabalho reconhece o prazer de contribuir para a sociedade.

6. Um futuro desejável: o trabalho deve permitir a consideração de um futuro desejável, incluindo atividades de aperfeiçoamento e orientação profissional. Isso reconhece a esperança como um direito humano.

Quadro 1 Propriedades do trabalho.	
Condição do emprego	**O trabalho em si**
• Um salário justo e aceitável • Estabilidade no emprego • Vantagens apropriadas • A segurança • A saúde • Processos adequados	• Variedade e desafios • Aprendizagem contínua • Margem de manobra, autonomia • Reconhecimento e apoio • Contribuição social que faz sentido • Um futuro desejável

Fonte: Ketchum e Trist (1992, p. 11).

Além desses aspectos intrínsecos ao trabalho, a concepção dos sistemas sociotécnicos considera vários aspectos extrínsecos que podem afetar o comprometimento no trabalho, tais como o salário, as condições físicas e materiais e as regras organizacionais. Embora existam diferenças individuais e fatores do contexto que podem influenciar o comprometimento com o trabalho, esses 12 fatores contribuem apreciavelmente para a melhoria da qualidade de vida no trabalho e para o desempenho organizacional.

Esses dois modelos têm vários pontos em comum. Entre outros, recomendam uma organização do trabalho que ofereça aos trabalhadores a possibilidade de realizar algo que tenha sentido, de praticar e de desenvolver suas competências, de exercer seus julgamentos e seu livre-arbítrio, de conhecer a evolução de seus desempenhos e de ajustar-se. Parece-nos igualmente importante que os trabalhadores possam desenvolver o sentimento de vinculação e que possam trabalhar em condições apropriadas.

Desde a publicação desses modelos, as organizações têm vivido mudanças profundas, colocando o trabalho em questão. É justo então perguntar se as características enunciadas ainda são importantes, atualmente. Nossas pesquisas sobre o sentido do trabalho, realizadas de 1994 a 1998, permitem responder a essa pergunta.

Pesquisa de Campo

Para estudar o sentido do trabalho, dois métodos de pesquisa são utilizados: o questionário e a entrevista semi-estruturada.

O questionário foi desenvolvido do questionário utilizado pelo grupo MOW (1997) e inclui cinco partes:

1. Opiniões e valores sobre o trabalho (6 perguntas).
2. Opiniões sobre a vida em geral (escala da interioridade/exterioridade e confiança).
3. Informações pessoais (18 perguntas).
4. Expectativas com relação ao trabalho (6 perguntas).
5. Descrição do trabalho atual (10 perguntas).

O roteiro da entrevista possui nove perguntas, por meio das quais podemos explicitar os múltiplos sentidos que os indivíduos atribuem ao trabalho, com o mínimo de intervenção possível dos pesquisadores. Em média, a duração das entrevistas foi de 40 minutos. Elas foram gravadas com o consentimento dos entrevistados.

Foram feitas duas amostras: uma de estudantes de administração e outra de administradores. A primeira amostra contém 542 estudantes inscritos na HEC em 1994, dos quais 269 são mulheres e 273, homens, com uma média de idade de 20,2 anos. A amostra de administradores contém 75 administradores, de médio e alto escalão, em empresas de diversos setores, dos quais 36 são do Quebec e 39, da França. A média de idade dos administradores do Quebec é de 40,8 anos e dos administradores da França é de 42,1. Ao todo, são 24 mulheres: 12 do Quebec e 12 da França.

A amostragem foi composta com a colaboração de vários profissionais de recursos humanos, o que, certamente, afeta a validação externa dos resultados de nossa pesquisa. Contudo, como ainda estamos num estágio de exploração, o objetivo visado não é de verificar hipóteses, mas de compreender melhor a problemática do sentido do trabalho para os administradores e de destacar hipóteses de pesquisa que poderão ser verificadas posteriormente mediante uma amostragem representativa.

Que é trabalho?

Quando estudamos o trabalho, é importante saber o que os indivíduos pensam quando falam dele. De fato, o trabalho pode ser definido de várias maneiras. Segundo Brief e Nord (1990), o único elemento que reúne os múltiplos significados é: uma atividade que tem um objetivo. Geralmente, essa noção designa um gasto de energia mediante um conjunto de atividades coordenadas que visam produzir algo de útil (Fryer e Payne, 1984; Shepherdson, 1984). O trabalho pode ser agradável ou desagradável; ele pode ser associado ou não a trocas de natureza econômica. Ele pode ser executado ou não dentro de um emprego. De acordo com Fryer e Payne (1984), o trabalho seria uma atividade útil, determinada por um objetivo definido, além do prazer gerado por sua execução.

Quadro 2 Padrões de definição do trabalho determinados por England e Whiteley (1990).

Padrão A 10,6%	Padrão B 27,6%	Padrão C 17,6%
• Acrescenta valor a qualquer coisa • Você deve prestar conta disso • Faz parte de suas tarefas • Voce recebe dinheiro para fazer isso	• Realizando isso, você tem o sentimento de vinculação • Você recebe dinheiro para realizar isso • Você faz isso para contribuir à sociedade • Faz parte de suas tarefas	• Outros beneficiam-se disso • Você recebe dinheiro para realizar isso • Você faz isso para contribuir à sociedade • Acrescenta valor a qualquer coisa • É fisicamente exigente
	Padrão D 21,7%	Padrão E 10,6%
	• Você recebe dinheiro para realizar isso • Faz parte de suas tarefas • Você realiza isso em um local de trabalho • Você deve fazer isso • Alguém lhe diz o que fazer • Não é agradável	• É mentalmente exigente • É fisicamente exigente • Você recebe dinheiro para fazer isso • Faz parte de suas tarefas • Isso não está agradando
		Padrão F 11,8%
		• Você realiza seguindo um horário • Você realiza em um local de trabalho • Você recebe dinheiro para fazer isso • Faz parte de suas tarefas

Quanto ao emprego, trata-se da ocupação de uma pessoa, correspondendo ao conjunto de atividades remuneradas em um sistema organizado economicamente. A noção de emprego implica quase necessariamente a noção de salário e do consentimento do indivíduo em permitir que outra pessoa dite suas condições de trabalho.

Para conhecer as diferentes definições do trabalho, os pesquisadores afiliados ao grupo *Meaning of Work* (MOW) investigaram mais de 14.700 indivíduos em oito países: Bélgica, Inglaterra, Alemanha, Israel, Japão, Holanda, Estados Unidos e ex-Iugoslávia. England e Whiteley (1990), que fazem parte dessa equipe, encontraram seis padrões de definições do trabalho. Em todos, o salário constitui um elemento importante na definição, levando a crer que, para a maioria dos indivíduos, existem poucas diferenças entre trabalho e emprego. Entretanto, existem várias definições do trabalho que se referem a diferentes sistemas de representações, como indicado no Quadro 2.

Os padrões A, B e C correspondem a concepções positivas do trabalho. O padrão A descreve o trabalho como uma atividade, geralmente agradável, que acrescenta um valor a alguma coisa e pela qual se tem que prestar conta dos resultados. O padrão B parece ser a definição mais comum: descreve o trabalho como uma atividade que proporciona a quem o realiza um sentimento de vinculação e que traz uma contribuição para a sociedade. O padrão C define o trabalho como uma atividade que beneficia aos outros, que traz uma contribuição para a sociedade e que gera um valor agregado. Esses três padrões valorizam o caráter social do trabalho.

Os padrões D e E correspondem às concepções negativas do trabalho. O padrão D define o trabalho como uma atividade que não é agradável, mas que deve ser realizada por alguém em um lugar específico, sob a supervisão de outra pessoa. O padrão E descreve o trabalho como uma atividade desagradável, que comporta exigências físicas e mentais. Como podemos facilmente observar, esses dois padrões apresentam o trabalho como uma atividade que somos obrigados a realizar para ganhar a vida.

O padrão F apresenta uma concepção neutra do trabalho: uma atividade que segue um horário regular, em um local de trabalho e pela qual se recebe um salário.

De acordo com England e Whiteley (1990), é no Japão que está concentrada a maior porcentagem de trabalhadores que têm uma concepção positiva do trabalho. Com exceção da Alemanha e dos Estados Unidos, eles encontraram uma pequena diferença na porcentagem de trabalhadores que têm uma concepção positiva comparativamente às outras concepções. Na

Alemanha e nos Estados Unidos, a maioria dos trabalhadores tem uma concepção neutra do trabalho.

Para determinar os padrões de definição que podemos encontrar no Québec e na França, apresentamos os mesmos elementos de definição aos indivíduos das duas amostras e pedimos que eles os ordenassem segundo a importância atribuída. No Quadro 3, apresentamos as respostas dos estudantes e dos administradores.

Os estudantes pesquisados possuem uma concepção positiva do trabalho; eles têm tendência a definir o trabalho como uma atividade lucrativa, que lhes permite melhorar, que acrescenta um valor a alguma coisa, que lhes dá um sentimento de vinculação e que contribui à sociedade.

Os administradores pesquisados também possuem uma concepção positiva do trabalho. Os administradores do Québec definem o trabalho como

Quadro 3	Classificação da importância dos elementos de definição do trabalho escolhidos por estudantes de administração e administradores do Québec e da França.		
O que eu faço é trabalho se:	Estudantes ($n^1 = 542$)	Administradores do Québec ($n^2 = 36$)	Administradores franceses ($n^3 = 39$)
Eu faço em um local de trabalho	9,0	10,5	13,0
Alguém me diz o que fazer	13,0	10,5	12,0
É fisicamente exigente	14,0	15,0	14,0
Faz parte de minhas tarefas	5,0	6,5	9,0
Eu faço para contribuir à sociedade	6,0	4,5	2,0
Eu tenho um sentimento de vinculação enquanto realizo	4,0	12,5	5,0
É mentalmente exigente	7,0	3,0	8,0
Eu faço isto em um dado momento (por ex.: das 8 h às 17 h)	12,0	14,0	11,0
Acrescenta valor a alguma coisa	3,0	2,0	1,0
Não é agradável	15,0	12,5	15,0
Eu recebo dinheiro para realizar	1,0	1,0	4,0
Eu tenho que prestar contas	8,0	4,5	7,0
Eu sou obrigado(a) a realizar	11,0	8,0	10,0
Outros se beneficiam	10,0	9,0	6,0
Permite que eu melhore	2,0	6,5	3,0

uma atividade lucrativa que acrescenta um valor a alguma coisa, que é exigente mentalmente, que contribui à sociedade e pela qual eles têm que prestar contas. Os administradores franceses definem o trabalho como uma atividade que acrescenta um valor a alguma coisa, que contribui à sociedade, que lhes permite melhorar, pela qual recebem um salário e que lhes dá um sentimento de vinculação.

Comparado aos padrões de definição encontrados por England e Whiteley, o padrão que resulta de nossas pesquisas aproxima-se de B e C. As pessoas pesquisadas, sejam jovens ou não, no Québec ou na França, possuem uma concepção positiva do trabalho.

Por trabalho, os indivíduos de nossas amostragens compreendem uma atividade remunerada, que apresenta um valor agregado, que lhes permite melhorar e que traz uma contribuição para a sociedade. Essa concepção prediz as características que deveria ter um trabalho que tem sentido.

Características de um trabalho que tem sentido

Para os estudantes de administração

Os estudantes de administração têm uma concepção positiva do trabalho. Para conhecer as razões que os motivam a trabalhar, eles classificaram os tópicos geralmente mencionados. Dado o número de indivíduos, foi possível realizar uma análise das respostas por meio da análise dos componentes principais. Cinco motivos resultaram dessa análise:

1. Para realizar-se e atualizar seu potencial: trabalhar é interessante e satisfaz em si, permite exercer a criatividade e realizar-se, possibilita concretizar e desenvolver seus talentos.
2. Para adquirir segurança e ser autônomo: trabalhar permite suprir as necessidades de base, dá sentimento de segurança, possibilita ser autônomo e independente.
3. Para relacionar-se com os outros e ter o sentimento de vinculação: trabalhar permite ter contatos interessantes com os outros, possibilita fazer parte de um grupo.
4. Para prestar um serviço e fazer sua contribuição à sociedade: trabalhar dá a oportunidade de prestar um serviço aos outros, permite contribuir à melhoria da qualidade de vida da comunidade.

5. Para ter um sentido: trabalhar mantém ocupado, é um modo de preencher as funções espirituais, dá um sentido à vida.

A simples leitura desses resultados mostra o trabalho como um meio de emancipação. Pelo salário que ele possibilita, o indivíduo afirma sua independência; por meio de suas atividades, o trabalho desenvolve o potencial e fortalece a identidade dos indivíduos; pelas relações que o trabalho gera, consolida a identidade social; por seus resultados, permite ao indivíduo contribuir ao mundo e dar um sentido a sua existência. O trabalho, assim apresentado pelos estudantes, é muito mais que um simples "ganha-pão".

Para compreender o sentido que os estudantes dão ao trabalho, eles classificaram em ordem de importância as características do trabalho que procuram ao final dos estudos. A análise dos componentes principais permitiu determinar três conjuntos de características:

1. Boas condições de trabalho: um trabalho que corresponda às competências do empregado, que forneça oportunidades de valorização pessoal, um horário de trabalho conveniente, um bom salário, além de condições que preservem a saúde.
2. Oportunidades para aprender e prestar serviços: muitas oportunidades para aprender, boas relações com os outros, oportunidades para prestar serviços.
3. Um trabalho interessante, variado, com muita autonomia: um trabalho de que realmente gostem, muita variedade, poder decidir como fazê-lo.

As características do trabalho que eles procuram são coerentes com os motivos que os estimulam a trabalhar. É interessante observar que os estudantes associam as exigências do trabalho em termos de competências e de oportunidades de valorização pessoal às condições de trabalho. Mais da metade dos estudantes pesquisados tinha um emprego em tempo parcial no momento dessa pesquisa. Poder-se-ia acreditar que a concepção que eles fazem do trabalho seja reflexo da falta de experiência no mercado de trabalho e que o exercício das funções associadas à administração poderia fazer a maioria deles desenvolver outro ponto de vista. Isso é possível, mas não há como verificar.

Para os administradores

Também entrevistamos administradores, de níveis médio e superior, para conhecer o sentido que dão ao trabalho e as características que nele procuram.

Foram entrevistados administradores no Québec e na França a fim de observar se existe ou não influência de diferenças culturais. O Quadro 4 mostra os resultados. As respostas estão apresentadas segundo a classificação de freqüências.

O que nos surpreende é a semelhança entre as respostas fornecidas pelos dois grupos. Sejam eles do Québec, sejam da França, têm uma concepção positiva do trabalho, o que confirma os resultados obtidos pelo grupo MOW (1987) com populações semelhantes. Se fizermos um julgamento com base nos resultados obtidos, um trabalho tem sentido se for feito de maneira eficiente, se conduz a alguma coisa, se beneficia outras pessoas, se corresponde aos interesses e às competências das pessoas, se permite aprender, realizar-se e superar-se e se pemite exprimir-se e exercer seu poder.

Quando perguntamos aos administradores do que eles sentem ou sentiriam mais falta se não trabalhassem mais, tenderam a responder: ter alguma coisa para fazer, ser produtivo, sentir-se útil, ter dignidade pessoal, manter relações com os outros, o sentimento de fazer parte de um grupo e o salário.

Organizar o Trabalho para que Ele Tenha um Sentido

Os resultados de nossa pesquisa permitem determinar as características do trabalho que tem um sentido. Em um primeiro momento, elas não são sensivelmente diferentes das características apresentadas por Hackman e Oldham ou por Emery e Trist. Algumas diferenças merecem ser ressaltadas. Podemos relacioná-las aos princípios de organização, como fizeram Hackman e Oldham, a fim de sugerir formas concretas de organizar o trabalho durante as transformações organizacionais.

Trabalho que tem sentido é feito de maneira eficiente e leva a alguma coisa

Trabalho é uma atividade produtiva que agrega valor a alguma coisa: temos aqui um aspecto que é novo, comparativamente aos modelos de organização do trabalho apresentados anteriormente. As pessoas entrevistadas consideram que é importante que o trabalho seja organizado de maneira eficiente, cuja realização conduza a resultados úteis, gastando-se energia de maneira rentável. Em sua forma negativa, essa característica do trabalho contribui extensivamente a sua absurdez.

Quadro 4 *Conteúdo das respostas mais freqüentes dos administradores do Québec e da França nas entrevistas.*

	Administradores do Québec ($n^2 = 36$)	Administradores da França ($n^3 = 39$)
Um trabalho tem sentido se...	• Permite atualizar seu potencial, aprender e ultrapassar-se • É interessante, dá prazer • Beneficia os outros • Faz sentir-se útil, valorizado • Feito de maneira eficiente, leva a algum lugar • Feito com outras pessoas	• Feito de maneira eficiente, leva a algum lugar • Beneficia os outros • Permite atualizar seu potencial, aprender e ultrapassar-se • É interessante, dá prazer • Permite expressar-se, exercer seu poder
Um trabalho não tem sentido se...	• Feito de maneira ineficiente, leva a lugar algum • Rotineiro • Inútil, não beneficia ninguém • Não corresponde a suas competências nem a seus interesses • É desvalorizador • Não serve para prover as necessidades básicas, trabalhar só pelo salário • Feito em lugar que prega valores que não são compartilhados por você	• Feito de maneira ineficiente, leva a lugar algum • Rotineiro • Inútil, não beneficia ninguém • Não corresponde a suas competências nem a seus interesses • Feito em um lugar que prega valores que não são compartilhados por você • Feito sem interesse e sem prazer • Não permite expressar-se nem exercer seu poder
O que eu procuro...	• Um trabalho interessante, com muita autonomia • A possibilidade de realizar-me e desenvolver meus talentos, de exercer minha criatividade e complementar-me • Boas condições de trabalho • Poder dar um sentido a minha vida	• A possibilidade de realizar-me e desenvolver meus talentos, de exercer minha criatividade e complementar-me • Contatos interessantes com outras pessoas e o sentimento de vinculação • Boas condições de trabalho • A possibilidade de expressar-me e exercer meu poder.
Do que eu sentiria mais falta...	• De sentir-me útil, da dignidade pessoal • Das relações com os outros, do sentimento de fazer parte de um grupo • De ter algo para fazer • De fazer algo produtivo • Do salário	• De ter algo para fazer • De fazer algo produtivo • De sentir-me útil, da dignidade pessoal • Das relações com os outros, do sentimento de fazer parte de um grupo • Do salário

A maneira como os indivíduos trabalham e o que eles produzem têm um impacto sobre o que pensam e na maneira como percebem sua liberdade e sua independência. O processo de trabalho, assim como seu fruto, ajuda o indivíduo a descobrir e formar sua identidade. Acontece que a organização do trabalho em si mesma conta muito: é importante que a organização das tarefas e das atividades torne-se favorável à eficiência e que os objetivos visados, assim como os resultados esperados, sejam claros e significativos para as pessoas que o realizam.

Trabalho que tem sentido é intrinsecamente satisfatório

O prazer e o sentimento de realização que podem ser obtidos na execução de tarefas dão um sentido ao trabalho. A execução de tarefas permite exercer seus talentos e suas competências, resolver problemas, fazer novas experiências, aprender novas competências, resumindo, realizar-se, atualizar seu potencial e aumentar sua autonomia. Essas características são encontradas nos dois modelos apresentados previamente.

O interesse do trabalho em si mesmo parece estar associado, por um lado, ao grau de correspondência entre as exigências do trabalho e, por outro lado, ao conjunto de valores, de interesses e de competências do indivíduo. Efetivamente, muitas pessoas relataram que um trabalho que tem sentido é o que corresponde à personalidade, aos talentos e aos desejos delas.

O interesse de tal trabalho também se origina das possibilidades que ele oferece para provar valores pessoais e para realizar ambições. O trabalho permite realização, dando oportunidades para vencer desafios ou perseguir ideais.

O interesse do trabalho também resulta das possibilidades de desenvolver autonomia e perceber senso de responsabilidades. Isso é oferecido por uma organização que deixa os empregados serem os administradores de suas atividades e que, por meio da presença de mecanismos de *feedback*, mantém-nos informados sobre a evolução de seu desempenho e permite-lhes fazer os ajustes necessários para melhorá-lo.

O fato de o indivíduo ter que resolver problemas durante a realização do trabalho e exercer seu julgamento para tomar decisões relativas à organização de suas atividades reforça o sentimento de competência e eficácia pessoal; isso tem uma influência direta não somente no desenvolvimento da autonomia pessoal, mas também na motivação. Além disso, o fato de ter que resolver problemas e vencer dificuldades estimula a criatividade dos indivíduos.

Finalmente, a presença de mecanismos de *feedback* mantém os empregados informados sobre sua evolução do desempenho, facilita a regulação das atividades e estimula o senso de responsabilidades.

Trabalho que tem sentido é moralmente aceitável

Trabalho é uma atividade que se inscreve no desenvolvimento de uma sociedade; deve, conseqüentemente, respeitar as prescrições relativas ao dever e ao saber viver em sociedade, tanto em sua execução como nos objetivos que almeja e nas relações que estabelece. Em outras palavras, o trabalho deve ser feito de maneira socialmente responsável. Essa idéia foi desenvolvida especialmente pela abordagem sociotécnica. Ela foi expressa claramente por vários administradores que encontramos e que exprimiram certo mal-estar em trabalhar em um meio que exalta valores que eles não compartilham, que tolera práticas desrespeitosas, injustas, contraprodutivas ou até mesmo desonestas ou imorais.

Vários administradores mostraram-se preocupados com as contribuições do trabalho para a sociedade. O fato de fazer um trabalho que não serve para nada, que não comporta nenhum interesse humano, em um meio ambiente onde as relações são superficiais, contribui para torná-lo absurdo. É por isso que é necessário também considerar, na organização do trabalho, as implicações dele para si mesmo, para os outros e para a sociedade em geral. Finalmente, para muitos administradores, o trabalho é um dos meios para transcender seus interesses particulares, dedicando-se a uma causa importante e significativa. Isso corresponde, então, a uma verdadeira busca do sentido nas organizações (Pauchant, 1996).

Trabalho que tem sentido é fonte de experiências de relações humanas satisfatórias

O trabalho é também uma atividade que coloca as pessoas em relação umas com as outras, o que contribui para o desenvolvimento de sua identidade. Essa característica aparece de maneira consistente nas pesquisas – sinal de sua importância para a organização do trabalho. Vários administradores reportaram que um trabalho que tem sentido é um trabalho que lhes permite encontrar pessoas de qualidade, seja em seu departamento, em sua empresa ou nos ambientes empresariais, pessoas com quem os contatos podem ser francos, honestos, com quem se pode ter prazer em trabalhar, mesmo em projetos difíceis. Um trabalho que tem muito sentido permite ajudar os outros a resolver seus problemas, prestar-lhes um serviço, ter um impacto sobre as decisões tomadas pelo dirigentes, ser reconhecido por suas habilidades e contribuições ao sucesso dos negócios etc. As satisfações podem ser adquiridas na associação com os outros no trabalho e durante as trocas com os clientes, superiores e colaboradores. A satisfação não é retirada somente dos serviços prestados, mas também das afiliações encontradas em seu trabalho.

O fato de estar em contato com os outros, de manter relações numerosas e, às vezes, intensas, age como um verdadeiro estimulante para si mesmo, não somente para o desenvolvimento de sua identidade pessoal e social, mas também para o desenvolvimento de laços de afeição duráveis, em que se procura, por vezes, a segurança e a autonomia pessoal. Contribuindo para o desenvolvimento dos laços sociais, o trabalho permite aos administradores escapar do sentimento de isolamento, viver melhor sua solidão e encontrar seu lugar na comunidade. Nesse sentido, permite passar por cima dos problemas existenciais, como a solidão e a morte (Fox, 1980).

Trabalho que tem sentido garante segurança e autonomia

O trabalho está claramente associado à noção de emprego; o salário que ele propicia permite prover as necessidades de base, dá um sentimento de segurança e possibilita ser autônomo e independente. Na verdade, geralmente associamos o salário a elementos de prestígio, enquanto está claro aqui que o salário é associado principalmente aos elementos de segurança e de independência. Mais ainda, para a maioria dos administradores, ganhar a vida é sinônimo de ganhar o respeito dos outros e, assim, preservar sua dignidade pessoal aos olhos dos outros. Assim como no modelo apresentado por Ketchum e Trist, o salário parece constituir um elemento de organização que deve ser distinguido das outras condições de trabalho.

Isso não nos impede de ter que considerar as condições nas quais o trabalho se realiza, pois elas são importantes aos olhos dos trabalhadores. Além do mais, para os administradores entrevistados, as exigências de desempenho e o estresse são os principais fatores que contribuem para deteriorar sua experiência no trabalho. Além disso, muitos procuram um equilíbrio entre vida profissional e vida privada.

Trabalho que tem sentido é trabalho que mantém ocupado

O trabalho também é uma atividade programada, com um começo e um fim, com horários e uma rotina diária. Ele estrutura o tempo: os dias, as semanas, os meses, os anos, a vida profissional. Dá sentido aos períodos de férias. É, dessa maneira, uma atividade que estrutura e permite organizar a vida diária e, por extensão, a história pessoal. Isso é ainda mais marcante para os administradores que perderam seu emprego. Estes últimos dizem que o trabalho é uma necessidade, uma dimensão importante de sua vidas, que lhes ajuda a se situar, que ocupa um tempo da vida e lhe dá um sentido, sobretudo quando têm a possibilidade de escolher seu caminho e fazer qualquer coisa que esteja de acordo com suas personalidades e valores. Esses resultados confirmam os de Warr (1987), que pesquisou os desempregados norte-americanos. Por outro lado, ter um trabalho significa estar ocupado fazendo alguma coisa; os administradores relataram que ser pago para não fazer nada não tem sentido. O que significa que, mesmo empregado, pode-se sofrer por falta de trabalho.

Analisando a questão, é verdade que o trabalho continua sendo uma maneira excelente de organizar o tempo e de manter-se ocupado. As ocupações por ele engendradas proporcionam uma estrutura de defesa contra a ansiedade da morte e do vazio. Foi pensando nos trabalhos de Jacques (1978) sobre os sistemas sociais como defesas que surgiu essa idéia. Ela também encontra eco nas pesquisas realizadas por Bracke e Bugental (1996), por Pauchant (1996) e por Weil (1951). Notamos claramente, durante as entrevistas, que o trabalho representa para os administradores algo a fazer, que torna legítimos os períodos de descanso e de férias, que preenche os dias, as semanas, os meses e os anos de sua existência e que ritma o tempo da vida. Alguns também encontram palavras para expressar a que ponto se sentem incomodados e envergonhados de não ter nada o que fazer durante o dia ou culpados de não poder ganhar a vida. Tais conteúdos evocam as tensões que podemos sentir em face do vazio.

Implicações para a Transformação das Organizações e a Organização do Trabalho

No momento em que os administradores sonham em fazer mudanças nas atividades do trabalho, deveriam projetar meios para revalorizar o trabalho e dar-lhe um sentido. No Quadro 5, apresentamos uma síntese das características do trabalho e os 14 princípios de organização. Inspirados nos modelos apresentados no início deste texto, e a partir de nossas pesquisas, esses princípios representam recursos concretos para organizar o trabalho.

Para que um trabalho tenha sentido, é importante que quem o realize saiba para onde ele conduz; em outras palavras, é essencial que os objetivos

Quadro 5 *Síntese das características de um trabalho que tem sentido associadas aos princípios de organização.*

Um trabalho que tem sentido...	Características do trabalho	Princípios da organização
É realizado de forma eficiente e leva a um resultado	Finalidade	Clareza e importância dos objetivos Utilidade, valor do resultados
	Eficiência	Racionalidade das tarefas
É intrinsecamente satisfatório	Aprendizagem e desenvolvimento das competências	Correspondência entre as exigências do trabalho e as competências da pessoa
	Realização e atualização	Desafios e ideais
	Criatividade e autonomia	Margem de manobra sobre a administração das atividades e a resolução dos problemas
	Responsabilidade	*Feedback* sobre o desempenho
É moralmente aceitável	Retidão das práticas sociais e organizacionais	Regras do dever e do saber viver em sociedade
	Contribuição social	Valores morais, éticos e espirituais
É fonte de experiências de relações humanas satisfatórias	Afiliação e vinculação	Trabalho em equipe
	Serviço aos outros	Relações do tipo cliente – fornecedor
Garante a segurança e a autonomia	Independência financeira	Sálario apropriado e justo
	Saúde e segurança	Boas condições de trabalho
Mantém ocupado	Ocupação	Carga de trabalho adequada

sejam claros e valorizados e que os resultados tenham valor aos olhos de quem o realiza.

Para que um trabalho seja satisfatório para quem o realiza, parece ser importante que apele para suas competências. Além disso, parece relevante que o trabalhador tenha a oportunidade de testar suas capacidades, com o objetivo de estimular suas necessidades de crescimento pessoal e seu senso de responsabilidade. Vários recursos podem ser considerados: a presença de desafios, a autonomia na administração das atividades e os mecanismos de *feedback* sobre o desempenho são freqüentemente citados.

O trabalho deve realizar-se segundo as regras do dever e do saber viver em sociedade e deve ser inspirado pelos valores morais, éticos e espirituais. Examinar as regras e os valores que subentendem as práticas sociais e organizacionais que envolvem o trabalho pode parecer supérfluo para alguns, mas é inevitável em um contexto de diversidade cultural e de promoção das liberdades individuais.

O trabalho em equipe e o desenvolvimento de relações profissionais positivas, do tipo cliente – fornecedor, são dois princípios que incentivam o desenvolvimento do sentimento de vinculação e de cooperação dentro dos grupos de trabalho.

Finalmente, não se deve cometer negligência ao colocar em prática condições de trabalho que proporcionem aos trabalhadores os sentimentos de segurança e de autonomia necessários para seu desenvolvimento: os salários e as condições de trabalho devem ser estudados seriamente. Além disso, é importante que a carga de trabalho seja adequada, pois não existe nada mais absurdo do que ser pago para não fazer nada. Esta última condição leva-nos de volta à primeira, indicando a preocupação com relação à utilidade e à eficácia que apresentam os indivíduos com quem nos encontramos (Morin, 1996).

Os momentos de transformação organizacional constituem potencialmente uma oportunidade para reorganizar o trabalho de tal forma que a qualidade de vida e a eficácia organizacional sejam melhoradas. Desejamos que a apresentação dos resultados de nossas pesquisas possa ajudar os administradores a melhorar suas práticas de gestão.

Referências Bibliográficas

BRACKE, P. E.; BUGENTAL, J. F. T. La dépendance existentielle: traiter le comportement de type A et la boulotmanie. In: BAUCHANT, T. C. et al. (Coord.). *La quête du sens:* gérer nos organisations pour la senté des personnes, de nos sociétés et de nature. Québec: Éditions de l'organisation, 1996. p. 73-100. (Manpower.)

BRIEF, A. P.; NORD, W. R. *Meaning of occupational work*. Toronto: Lexington, 1990.

EMERY, F. *Report on the Hunsfoss Project. Londres*: Tavistock, 1964. (Tavistock Document.)

_____. *Future we are in*. Leiden: Martinus Nijhoff, 1976.

ENGLAND, G. E. The patterning of work meanings wich are coterminous with work outcome levels for individuals in Japan. *Applied psychology:* an international review, v. 39, nº 1, p. 29-45, 1990.

_____; WHITELEY, W. T. Cross-national meanings of working. In: BRIEF, A. P.; NORD, W. R. *Meanings of occupational work*. Toronto: Lexington, 1990. p. 65-106.

FOX, A. *The meaning of work*. In: ESLAND, G.; SALAMAN, G. *The politics of work and organizations*. Milton Keyes: Open University Press, 1980.

ERYER, D.; PAYNE, R. Working definitions. *Quality of Working Life*, v. 1, nº 5, p. 13-15, 1994.

HACKMAN, J. R.; OLDHAM, G. R. Motivation through the design of work: test of a theory. *Organizational Behavior and Human Performance*, v. 16, p. 250-279, 1976.

_____; SUITLE, J. L. *Improving life at work*. Glenview, Ill: Scott, Foresman, 1977.

HERZBERG, F. I. *Work and the nature of man*. Cleveland: World, 1966.

_____. Maximizing work and minimizing labor. *Industry Week*, v. 206, nº 8, p. 61-64, 1980.

_____. Les quatre questions existentielles: leur effet sur la motivation humaine et le comportement organisationnel. In: PAUCHANT, T. C. et al. (Coord.). *La quête du sens:* gérer nos organisations pour la santé des personnes, de nos sociétés et de la nature. Québec: Éditions de l'organisation, 1996. p. 165-188. (Manpower.)

JACQUES, E. Des systèmes sociaux comme défenses contre l'anxiéte dépressive et l'anxiété de persécution. In: LÉVY, A. *Psychologie sociale*: textes fondamentaux anglais et américains. Paris: Dunod, 1978. t. 2, p. 546-565.

KAPLAN, H. R.; TAUSKY, C. The meaning of work among the hard-core unemployed. *Pacific Sociological Review*, v. 17, nº 2, p. 185-198, 1974.

KETCHUM, L. D.; TRIST, E. *All teams are not created equal:* how employee empowerment really works. Newbury Park: Sage, 1992.

MORIN, E. M. L'efficacité organisationnelle et le sens du travail. In: PAUCHANT, T. C. et al. (Coord). *La quête du sens:* gérer nos organisations pour la santé des personnes, de nos sociétés et de la nature. Québec: Éditions de l'organisaiton, 1996. p. 257-286.

_____. Le sens du travail pour des gestionaires francophones. *Revue Psychologie du Traivail et des Organisations*, v. 3, nº 2/3, p. 26-45, 1997.

MORSE, N. C.; WEISS, R. C. The function and meaning of work and the job. *American Sociological Review*, v. 20, nº 2, 191-198, 1955.

MOW International Research Team. *The meaning of working*. New York: Academic Press, 1987.

PAUCHANT, T. C. La quête de l'excellence et le déni de lamort. In: PAUCHANT, T. C. et al. (Coord.). *La quête du sens:* gérer nos organisations pour la santé des personnes, de nos sociétés et de la nature. Québec: Éditons de l'organisation, 1996. p. 139-162. (Manpower.)

SHEPHERDSON, K. V. The meaning of work and employment: psychological research and psychologists' values. *Australian Psychologist*, v. 19, nº 3, p. 311-320, 1984.

TAUSKY, C. Meaning of work among blue-collar men. *Pacific Sociological Review*, v. 12, nº 1, p. 49-55, 1969.

TRIST, E. Adapting to a changing world. *Labour Gazette*, v. 78, p. 14-20, 1978.

VECCHIO, R. The function and meaning of work and the job: Morse and Weiss (1955) revisited. *Academy of Management Journal*, v. 23, nº 2, p. 361-367, 1990.

WARR, P. *Work, unemployment and mental health*. Oxford: Clarendon, 1987.

WEIL, S. *La conditionouvrière*. Paris: Gallimard, 1951.

2

EMPRESA HUMANIZADA: a organização necessária e possível*

Sylvia Constant Vergara
Paulo Durval Branco

INTRODUÇÃO

Se hoje é um dia típico em nosso planeta, semelhante aos que se têm sucedido ao longo dos últimos anos, alguns fatos estão consolidando-se como rotina. Pela sua repetição, já não parecem causar alarme a muitos. Na verdade, passam a ser encarados com normalidade. Destacar alguns deles pode ser esclarecedor.

Como parte dessa rotina, ao final do dia de hoje, deixaremos de contar com cerca de 100 espécies animais e vegetais, muitas das quais sequer chegamos a conhecer, o que representa um ritmo 50 a 100 vezes maior do que o observado em condições normais de equilíbrio natural (ONU, 1998). Nossa atmosfera terá recebido algo em torno de 2,7 mil toneladas de clorofluorcarbono (CFC) e 15 milhões de toneladas de dióxido de carbono (CO_2), gases relacionados, respectivamente, ao aumento do buraco na camada de ozônio e ao aquecimento do planeta. Passaremos a contar com mais de

---

* Artigo publicado originalmente na *RAE – Revista de Administração de Empresas*, São Paulo, v. 41, nº 2, p. 20-30, abr./jun. 2001.

250 mil habitantes, num planeta que perde 450 m² de floresta tropical por segundo (Orr, 1994). Ao cair da noite de hoje, teremos um planeta mais quente, com águas mais ácidas, ar menos saudável e menor quantidade de terras adequadas ao plantio.

Habitando a Terra e contribuindo com os dados que consolidam essa rotina, uma população mundial de cerca de 6 bilhões de pessoas conta com 1,2 bilhão vivendo em condições de pobreza absoluta, conforme constata o último Relatório de Desenvolvimento Humano da Organização das Nações Unidas (ONU, 2000). Já os que se situam acima da linha de pobreza colaboram para alimentar taxas de consumo que vêm crescendo significativamente ao longo das últimas décadas, tendo dobrado de 1975 para 1998 e crescido seis vezes quando comparadas a 1950. Se o crescimento do consumo e a sua diversidade aumentam num ritmo vertiginoso, o mesmo não pode ser observado com relação a sua distribuição. Enquanto 20% dos habitantes dos países mais ricos são responsáveis por 86% do total do consumo mundial, os 20% dos mais pobres consomem 1,3% desse total. Se não bastasse o desequilíbrio dessa distribuição, é preciso lembrar que o padrão de consumo dominante insiste em considerar os recursos naturais como infinitos, o que leva ao esgotamento de muitos deles, por exemplo, água e solo, e à insustentabilidade desse tipo de relação com a natureza.

Ao que parece, não é só o padrão de consumo daqueles que podem consumir que se está demonstrando insustentável. Também o é um sistema econômico que não leva em conta as pessoas (Forrester, 1997; Schumacher, 1983), um ciência desprovida de valores (Capra, 1982; Morin, 1996), uma educação que massifica e aliena (Freire, 1974; Hern, 1996), uma administração que não permite a plena realização do potencial humano nas empresas (Aktouf, 1996; Chanlat, 1990), assim como tantas outras criações humanas fundamentadas em premissas que precisam ser revistas.

A urgência na superação dessas questões não mais permite a procura por culpados ou a escolha de bodes expiatórios para erros e omissões. Enquanto se discute a quem cabe solucionar as disfunções do modelo de desenvolvimento adotado, só se está contribuindo para o agravamento dos desequilíbrios e desigualdades de uma época marcada por profundas insatisfações. É preciso agir para minorá-las. Nesse sentido, cabe indagar o papel que as empresas têm a desempenhar.

Por que é importante questionar o papel da empresa nesse contexto, se ela é apenas mais uma das tantas instituições que estão definindo os contornos neste início de século? Se entendemos as empresas como construções sociais, sujeitos e objetos da realidade da qual fazem parte, não é difícil identificar sua participação tanto no agravamento quanto na superação dos múltiplos problemas até aqui mencionados. Seja pelo poder econômico que possuem, seja pelo conjunto de competências técnicas de que dispõem, as empresas são hoje uma das instituições mais influentes nos rumos da sociedade. Como argumenta Harman (1996), a empresa moderna, que sobrevive em um ambiente de constantes mudanças, é hoje uma das instituições mais adaptáveis, se comparada a outras como as igrejas e os governos, o que lhe confere um papel de liderança nas transformações necessárias.

O presente texto pretende discutir algumas das questões referentes à humanização das empresas e justificar a premência e a possibilidade de sua viabilização. Entende por empresa humanizada aquela que, voltada para seus funcionários e/ou para o ambiente, agrega outros valores que não somente a maximização do retorno para os acionistas. Realiza ações que, no âmbito interno, promovem a melhoria na qualidade de vida e de trabalho, visam à construção de relações mais democráticas e justas, mitigam as desigualdades e diferenças de raças, sexo ou credo, além de contribuírem para o desenvolvimento das pessoas sob os aspectos físico, emocional, intelectual e espiritual. Ao focalizar o ambiente, essas ações buscam a eliminação de desequilíbrios ecológicos, a superação de injustiças sociais, o apoio a atividade comunitárias, enfim, o que se convencionou chamar de exercício da cidadania corporativa.

O texto está estruturado em seis seções, além desta introdução. A primeira apresenta informações que, por si só, justificam o tema deste texto; focaliza a empresa e a sociedade. A segunda explicita os contrastes que ora vivemos com grande intensidade. Na terceira seção, discutimos a natureza do que hoje é interpretado como crise das sociedades, os pressupostos nos quais se baseia e as possibilidades que se abrem para sua superação. A quarta aponta a necessidade de reconciliar competição e cooperação. Na quinta seção, são apresentados alguns exemplos de empresas que já estão viabilizando o caráter humanista que as norteia. A sexta apresenta as conclusões a que o estudo permitiu chegar.

Empresa e Sociedade

O século XX foi palco de desafios sucessivos para as empresas. Na primeira metade desse período, a existência de demanda crescente, num mercado menos competitivo, teve como resposta a ênfase na maximização dos processos produtivos e na manutenção de estruturas e procedimentos que tinham no controle sua razão de existir. À medida que, após a virada do século, os consumidores começaram a se mostrar mais exigentes e os competidores mais numerosos e eficientes, às melhorias nas atividades produtivas foi preciso adicionar maior orientação para o mercado. O marketing assumiu lugar de destaque, defendendo a idéia de que o cliente deveria ser o foco. As empresas que mais bem aprendiam essa lição obtinham resultados, mas passavam a perceber que, em intervalos de tempo cada vez menores, o que era fonte de diferenciação logo se tornava pré-requisito.

Por trás das tentativas de superar os desafios que se apresentam, a busca pela sobrevivência, por parte das empresas, vem-se mostrando uma motivação básica e, em geral, desarticulada de considerações sobre outros agentes e recursos que devem continuar existindo para que essa sobrevivência seja possível. Competentes em responder às ameaças intrínsecas a seu ambiente operacional, no que diz respeito à produção e à comercialização de bens e serviços, as empresas têm-se mostrado negligentes quanto aos fatores que dão sustentação a esse mesmo ambiente. Historicamente, essa negligência tem-se revelado pelas inexpressivas conquistas em termos de qualidade de vida da maioria dos trabalhadores, pela exploração irresponsável dos recursos naturais, pelo descompromisso com qualquer grupo de interesse que não seja o do acionistas.

Diante das características deste início de século, marcado por desigualdades e desequilíbrios complexos e interdependentes, torna-se cada vez mais evidente a insustentabilidade das práticas comerciais que só contemplem a maximização do retorno sobre o capital. Mais uma vez expostas a um desafio sem precedentes, as empresas terão de provar que a competências e recursos que conquistaram, muitas vezes em detrimento das necessidades da sociedade que as acolhe, podem contribuir para um modelo de desenvolvimento efetivamente sustentável.

Ações conducentes a tal desenvolvimento nem sempre fizeram parte da agenda de empresários e executivos, considerados insensíveis às desigualdades e às carências sociais. Muito pelo contrário. Como certa vez comentou a cineasta Tizuka Yamasaki, a maneira mais fácil de se caracterizar um vilão em um filme era associá-lo à figura do empresário. Mas parece que essa imagem pode estar com os dias contados. É crescente o número de representantes do meio empresarial que afirma "que um comportamento socialmente responsável é o fundamento de um sucesso econômico sustentável a longo prazo" (Leal, 1998, p. 142).

Ao mesmo tempo em que a humanização empresarial ganha adeptos que buscam potencializar suas ações por meio de instituições como a Business for Social Responsibility, a Social Venture Network, a World Business Academy, todas norte-americanas, a européia Prince of Wales's Business Leaders Forum e o recém-criado Instituto Ethos no Brasil, argumenta-se que esse movimento é um dos indícios de uma mudança ainda mais profunda que estaria em curso no mundo dos negócios. Nas palavras de Michael Ray, professor da Stanford University, essa mudança poderia ser entendida como a emergência de um novo paradigma nos negócios (Ray, 1997). Ao fazer essa afirmação, o autor utiliza-se do sentido que Kuhn (1982) atribui à expressão "mudança de paradigma" na ciência, ou seja, a situação em que pressupostos até então aceitos, assim como o conjunto de teorias desenvolvido, dão sinais de incapacidade no que se refere à explicação da realidade, rica em contrastes. Estar-se-ia vivendo esse momento nos negócios? Para muitos autores, sim.

Desenvolvimento e Insatisfação: Faces de uma Era de Contrastes

Ao discutir a aceleração do processo de mudança que estamos vivendo, Toffler (1981) propõe uma divisão dos últimos 50 mil anos da História da humanidade em períodos de 62 anos cada um, o que equivale ao tempo médio de uma geração. Essa divisão resultaria em cerca de 800 períodos, dos quais:

- 650 foram vividos nas cavernas;
- 70 tiveram o uso da escrita;
- 6 foram marcados pela palavra impressa;
- os últimos 4 viram a medição mais precisa do tempo;
- os 2 últimos tiveram o uso de motores elétricos;
- o atual, ou seja, o 800º, foi palco da maioria dos conhecimentos e bens materiais que hoje são utilizados.

Se se observam os recentes avanços tecnológicos, não há nenhum sinal de redução desse ritmo. Ao contrário, a obsolescência de conhecimentos de base científica ocorre em períodos cada vez menores. Machado (1997) estima que, a cada dois ou três anos, o acervo de conhecimento disponível dobre. Ao mesmo tempo em que isso se verifica, outros aspectos manifestam-se. No que se refere à distribuição de riquezas geradas pelo modelo de desenvolvimento dominante, os sucessivos alertas emitidos pela ONU e outras instituições dedicadas ao estudo das condições de vida humana apontam para um enorme desequilíbrio. Nesse sentido, mostra-se representativa a concessão do Prêmio Nobel de Economia de 1998 a um pesquisador envolvido com temas relativos à distribuição de riqueza. Economista de origem indiana, o professor Amartya Sen dedica-se ao estudo da economia do bem-estar social, buscando ampliar a compreensão dos mecanismos econômicos subjacentes à fome. Nas palavras do presidente da Índia, K. R. Narayanan, o trabalho do professor Sen "trouxe para a ciência da economia uma compaixão pelo ser humano comum e a visão de uma sociedade mundial igualitária" (Lynn, 1998, p. A-12).

Além do descompasso entre a geração e a distribuição de riquezas produzidas no mundo, convivemos com elevado desenvolvimento tecnológico e baixo desenvolvimento pessoal e interpessoal. Ao mesmo tempo em que se é capaz de viajar para os planetas vizinhos, fazer prospecção em águas profundas, mergulhar no universo microscópico dos átomos, criar computadores que cabem na palma da mão, oferecer produtos *tailor made*, desenvolver a engenharia genética em níveis inimagináveis, pouco se conhece sobre si mesmo e sobre os outros, mostrando-se, todo o tempo, a incapacidade de lidar com diferenças individuais.

Semelhantemente ao que ocorre entre o desenvolvimento tecnológico e o pessoal e interpessoal, também é notório o descompasso que caracteriza as relações do ser humano com o ambiente natural. Na ânsia pelo crescimento econômico e pelo atendimento à demanda gerada por incessantes estímulos ao consumismo, tem-se esquecido que vivemos em um ecossistema finito, onde a inconseqüência no lançamento de rejeitos e na extração de recursos naturais não tarda a se converter em condições de vida impróprias. Conforme aponta o Relatório de Desenvolvimento Humano da ONU (1998), um sexto do total de terras cultiváveis do planeta encontra-se degradado devido ao uso excessivo e às práticas inadequadas de cultivo. Da mesma forma, é expressivo o declínio do estoque de peixes no oceanos, pois um quarto está em via de extinção, enquanto 44% do restante vem sendo pescado em seu limite biológico, sendo a extração mais acelerada do que a reposição. Se considerado o caso do bacalhau na costa do Canadá, podemos constatar que a drástica redução no número de exemplares de uma espécie significa, para a teia da vida, não apenas uma ruptura biológica, mas também social e econômica, como revelado pelos 40 mil empregos que deixarão de existir nas atividades ligadas à pesca do bacalhau naquele país (Ryland, 1998).

A maneira pela qual se tem lidado com a natureza fundamenta-se na visão mecanicista atual do mundo, no orgulho que tal visão proporciona em dominar e controlar a natureza. Não é uma maneira apropriada. A relação deveria ser de respeito, de diálogo. Talvez se devesse resgatar a atitude batesoniana de observar, com empatia e paixão, uma planta ou um animal e de descrevê-los detalhadamente, com amor (Capra, 1997). Talvez se devesse recuperar um tanto da visão romântica que Goethe tinha da natureza, bem como da imagem mítica de Gaia, a Deusa Terra cultuada na Grécia antiga (Capra, 1997). Como ensina Lynn Margulis (citado por Capra, 1997, p. 94), "quando os cientistas nos dizem que a vida se adapta a um meio ambiente essencialmente passivo de química, física e rochas, eles perpetuam uma visão seriamente distorcida". Gaia é a terra viva. A teoria de Gaia, desenvolvida por Lynn Margulis e James Lovelock, considera a vida de maneira sistêmica, percebendo suas inter-relações.

Associando-se questões como distribuição de renda, consumo e degradação ambiental, também é ilustrativa a constatação do referido relatório da ONU (1998), segundo a qual uma pessoa nascida em um país industrializado representa impacto em termos de consumo e poluição, ao longo de sua vida, 30 a 40 vezes maior do que o de uma pessoa nascida em um país em desenvolvimento.

Muitas têm sido as conquistas realizadas pelos avanços tecnológicos implementados pelo homem. Doenças endêmicas têm sido erradicadas, distâncias têm sido eliminadas pelos avanços das telecomunicações, o universo vem sendo explorado em viagens interplanetárias, entre outras conquistas. Entretanto, essas realizações não acontecem sem custos, os quais se têm mostrado extremamente elevados, a ponto de provocar reflexões nos mais diversos segmentos da sociedade.

O modelo de desenvolvimento que alimentou todas essas conquistas sempre se baseou em uma mentalidade instrumental-tecnológico-consumista, a qual tem sido fonte de situações de colapso em várias áreas. A grave crise ambiental que hoje afeta o planeta é uma das conseqüências desse modelo multiplicado em escala e que, via de regra, serve de inspiração para as chamadas nações em desenvolvimento. Não é difícil imaginar os impactos da universalização de tal estilo de desenvolvimento. Basta lembrar que 20% dos habitantes dos países mais ricos são responsáveis por 53% das emissões de dióxido de carbono (CO_2), enquanto os 20% dos mais pobres, por 3% desse total (ONU, 1998).

O confronto dos inúmeros avanços científicos e tecnológicos com os desequilíbrios e desigualdades que persistem ao longo das últimas décadas torna inadiável a busca das raízes de tal descompasso como condição para sua possível superação.

Natureza da Crise e Possibilidades de Superação

Ao desenvolver a teoria das estruturas dissipativas e ao afirmar o fim das certezas, Ilya Prigogine (1996) utiliza a metáfora do "efeito borboleta".

Segundo ele, o batimento da asa de uma borboleta em Pequim pode provocar um leve sopro que, avançando gradativamente, vai dar nascimento a um furacão na Califórnia (citado por Sorman, 1989). A metáfora usada por Prigogine, baseada nas descobertas do meteorologista Edward Lorenz, segundo o qual um simples conjunto de equações não-lineares pode gerar um comportamento extremamente complexo (Capra, 1997), remete-nos à noção de interdependência entre os fenômenos, ou seja, mais do que realidades isoladas e auto-referenciadas, todos os fenômenos revelam os mútuos relacionamentos das partes que os compõem e os relacionamentos com o todo.

Compreender um fenômeno baseado na interdependência das partes que o compõem e em sua interdependência com o todo pode parecer um procedimento óbvio e a escolha natural em nossa apreensão da realidade. Entretanto, não é essa a visão tradicionalmente utilizada. Ao contrário, somos freqüentemente iludidos pela fragmentação e pelo reducionismo, os quais acenam com a possibilidade de controle e dominação das partes de um todo. A opção pelas partes encontra suas origens nas concepções baseadas na teoria matemática de Isaac Newton, na filosofia de René Descartes, na metodologia científica defendida por Francis Bacon, as quais se traduzem no alicerce da Física clássica. Conforme o entendimento desses pensadores, fenômenos complexos poderiam ser compreendidos desde que fossem reduzidos a seus componentes básicos e investigados os mecanismos pelos quais tais componentes interagem. Conhecida como reducionismo, essa concepção encontra-se tão vinculada a nossa cultura, que chega a ser identificada como o próprio método científico.

A visão reducionista está, pois, associada às origens da Ciência moderna, possuindo estreita ligação com o pensamento filosófico orientado pelo dualismo espírito/matéria que veio à tona no século XVII com René Descartes. Descartes via a natureza como derivada de uma divisão entre dois reinos independentes: o da mente e o da matéria. A chamada divisão "cartesiana" levou ao tratamento do objeto como algo separado do observador, legitimando uma visão do mundo como máquina de enormes proporções em que tudo poderia ser previsto e, sobretudo, controlado. Na interpretação de Capra, a filosofia de Descartes, em vez de levar o homem ocidental a igualar sua identidade a todo o seu organismo, conduziu-o a igualá-la apenas a sua mente (Capra, 1975).

A concepção cartesiana do mundo tem sido ostensivamente associada à dificuldade que se tem em apreender a realidade segundo sua verdadeira natureza: uma teia de fenômenos interconectados (Bohm, 1992; Capra, 1982, 1997; Maturana e Varela, 1972; Prigogine e Stengers, 1984; Morin, 1996; Wilber, 1977, 1991). Resulta daí a incapacidade de serem explicadas inúmeras transformações que se processam no mundo, segundo os modelos herdados da visão reducionista e fragmentada. Essa incapacidade está associada ao conceito de anomalia mencionado por Thomas Kuhn (1982) ao tratar da noção de paradigma. A anomalia ocorre, segundo Kuhn, quando os experimentos e as pesquisas produzem resultados que não são explicados pelas teorias pertinentes. A incompatibilidade entre os resultados e o que havia sido previsto pela teoria é a anomalia.

Do grego, "padrão", e inicialmente utilizado no campo da epistemologia, o termo *paradigma* tem sido apropriado por inúmeras áreas do conhecimento. Se, em algumas ocasiões, é empregado com lucidez, em outras, revela equívocos evidentes, sendo muitas vezes invocado como fonte de credibilidade e de adequação aos modismos intelectuais vigentes. Conforme observado por Thomas Kuhn, existe um conjunto de teorias e pressupostos conceituais, metodológicos e metafísicos sobre o qual a Ciência se apóia e que lhe serve de modelo ou padrão; serve-lhe de paradigma. Os paradigmas estão associados, portanto, às "realizações científicas universalmente reconhecidas que, durante algum tempo, fornecem problemas e soluções modelares para uma comunidade de praticantes de uma ciência" (Kuhn, 1982, p. 13).

Considerando-se um conjunto de evidências que surgem em diferentes áreas do conhecimento, podemos constatar a possibilidade de estar tomando forma, segundo a concepção Kuhn (1982), uma mudança paradigmática.

No campo da Física, a inadequação do paradigma até então disponível, de base newtoniana-cartesiana, já começou a se revelar nas primeiras décadas do século XX, quando pesquisadores como Albert Einstein, Niels Bohr, Werner Heisenberg e outros revelaram as limitações de se considerar um universo determinístico e passaram a apontar para a necessidade de aceitação da incerteza dentro de uma realidade probabilística. Nem mesmo a convicção para afirmar que um elemento era matéria ou radiação permaneceu, já que dentro de certas condições poderia ser tratado como partícula ou como onda. É oportuno lembrar que o Prêmio Nobel de Física, em 1906, foi concedido ao cientista J. J. Thomson, que demonstrou que os elétrons eram partículas. Já em 1937, o mesmo prêmio foi recebido pelo filho de Thomson, George, que demonstrou serem os elétrons ondas. Como hoje se sabe, ambos tinham razão (Cohen, 1998).

Se com a consolidação da Física moderna, por meio dos estudos das partículas atômicas e subatômicas, ficaram evidentes as limitações do antigo paradigma, também têm sido frequentes as contribuições surgidas em outras áreas do conhecimento que apontam para uma nova visão de mundo. Na Química, na Biologia, nas Neurociências, na Psicologia, na Cibernética, na

Antropologia, na Matemática da complexidade ou em outros campos do saber humano, essa nova visão, que sem muita precipitação poderia ser chamada de paradigma emergente, revela, no dizer de Capra (1997), "a teia da vida". Ela trata:

a) da abordagem holística que, diferentemente da reducionista, propõe que as partes sejam tratadas segundo seus mútuos relacionamentos e o relacionamento com o todo;
b) da impossibilidade de aceitar-se que propriedades "objetivas" da natureza sejam independentes de quem as observa;
c) da construção do homem pela sociedade e, dialeticamente, da construção da sociedade pelo homem;
d) do homem segundo uma perspectiva integrada, um todo de natureza física, emocional, intelectual e espiritual. Não aceita, portanto, dicotomias do tipo mente/corpo ou espírito/matéria;
e) da valorização do ser humano que, visto sob uma perspectiva integrada, não pode ser considerado um recurso; antes, como um gerador de recursos.

Se considerarmos que paradigmas estão presentes na formulação de perguntas, assim como na busca de respostas, parece sensato argumentarmos que as soluções para as disfunções do modelo de desenvolvimento adotado sejam buscadas em um contexto mais amplo do que aquele em que foram geradas. Isso significa rever a validade de uma visão de mundo dominante que privilegia abordagens excludentes, fragmentadas e reducionistas, perante uma realidade que se mostra integrada e interdependente (Vergara e Branco, 1993). Nesse sentido, mostram ter enorme valor as contribuições que vêm surgindo nas fronteiras da Ciência. Se tomado o campo das Ciências Sociais, e nele o da Administração em particular, essas contribuições apontam para o inadiável questionamento e redefinição do papel das organizações na sociedade, assim como das práticas de gestão. Tal revisão deixa antever a superação de dicotomias, hoje inaceitáveis, que têm levado a escolhas como competição ou cooperação, dominação ou parceria, quantidade ou qualidade, expansão ou conservação, enfim, dicotomias que privilegiam o "ou" em detrimento do "e".

Várias iniciativas que hoje tomam forma no contexto das empresas sugerem que muitas das dicotomias que sempre caracterizaram a realidade dos negócios começam a dar lugar a abordagens mais integradas e interdependentes. Discuti-las pode ser revelador.

O Papel das Empresas Diante da Inadiável Necessidade de Conciliação entre Competitividade e Humanização

As tradições orientais têm sido invocadas como fonte de reflexão e inspiração por muitos de nós, ocidentais, frustados com as limitações de nossa visão de mundo que insiste em excluir, fragmentar e reduzir. Numa dessas incursões às heranças milenares do Oriente, passamos a nos referir às crises como um fenômeno que poderia ser visto tanto como fonte de perigo quanto de oportunidade. Isso porque, na língua chinesa, a palavra crise (*wei-jin*) traz em si esse duplo significado. Parte dessa lição parece estar sendo muito bem assimilada no mundo dos negócios: ante o perigo do excesso de concorrentes, a oportunidade de se diferenciar pela qualidade; diante do perigo da guerra de preços, a oportunidade de atender a consumidores dispostos a pagar menos; ante o perigo da entrada de um competidor mais poderoso, a oportunidade de aliar-se a ele; diante do perigo da escassez de recursos, a oportunidade de fazer mais com menos.

Entretanto, essa competência para identificar oportunidades nas quais muitos só percebem perigo não se tem revelado diante da necessidade de identificarem-se as verdadeiras crises que hoje precisam ser enfrentadas. Esse descompasso pode ser observado na escassez de soluções para a crise ambiental de nosso planeta, na inabilidade para superação das desigualdades entre países, comunidades e indivíduos, assim como na insistência em uma visão de mundo que não privilegia os valores e significados humanos (Harman, 1995). Como um dos agentes da sociedade contemporânea, as organizações empresariais não são a única instituição a demonstrar essa incapacidade. Acontece que seus equívocos ou omissões hoje se traduzem em conseqüências insustentáveis. É urgente colocar as competências e recursos até hoje utilizados pelas organizações na superação dos desafios mercadológicos a serviço de um desenvolvimento efetivamente sustentável.

Ao discutir o atual papel das empresas, Korten (1997) assinala que, das 100 maiores economias mundiais, 51 são de corporações transnacionais e 49 de países. Em termos econômicos, a Mitsubishi é maior do que a Indonésia, o quarto país mais populoso do mundo. Também é ilustrativo o fato de que a soma da receita das duzentas maiores corporações equivale a quase 30% do produto bruto mundial.

Ocorre que esse inquestionável poder econômico em parte vem sendo obtido a um custo social inaceitável. Isso porque as múltiplas externalidades associadas à atividade empresarial, sob a forma de degradação da natureza, condições de trabalho impróprias e produtos inadequados às necessidades humanas, vêm sendo tratadas por meio da privatização dos ganhos e da socialização dos custos. Caso consideremos a crescente competitividade que hoje caracteriza o mundo dos negócios, são preocupantes as conseqüências da manutenção dessa prática, assim como incoerentes as situações que se criam. Basta que tomemos o exemplo citado por Ryland (1998), segundo o qual grandes empresas norte-americanas do setor de saúde investem alguns milhões de dólares em ações de empresas de cigarro.

Analisando-se os desafios que temos a enfrentar como sociedade e o poder hoje representado pelas empresas, podemos argumentar quanto a seu necessário envolvimento com a eliminação das externalidades tidas como inerentes a suas atividades. Nesse sentido, despontam empresas que assumem compromissos com a redução de impactos ambientais, com o apoio a grupos socialmente excluídos, com a erradicação das múltiplas causas de pobreza, tais como a ausência de educação. Essas ações não só acenam com a conciliação entre competitividade e humanização das empresas, como também parecem revelar indícios de que um novo paradigma esteja emergindo no mundo dos negócios. Investigar essa possibilidade é, por si só, instigante.

As empresas que vêm implementando ações humanizadas sob diversas formas revelam alguma sintonia com o argumento de Harman (1996) de que a empresa moderna é extremamente adaptável. Percebidas como manifestação de sua responsabilidade social (Esteves, 2000), as ações implementadas por essas empresas também reforçam a percepção de Abell (1998) quanto à obsolescência da premissa de que o único objetivo de um negócio é o lucro. Trata-se de uma premissa que já não se mostra suficiente para enfrentar os desafios que se apresentam. Ao se manterem submetidas a ela, as empresas estarão materializando a metáfora lembrada por Aktouf (1996), segundo a qual se corre o risco de estar serrando o próprio galho no qual se está sentando.

A história da vida na Terra dá lições surpreendentes. Ela tem revelado, como ensinam Margulis e Segan (citados por Capra, 1997, p. 185), que "a vida não se apossa do globo pelo combate, mas, sim, pela formação de redes". Práticas destrutivas não encontram a vida eterna. Triunfam a cooperação e a criatividade. Desde que as primeiras células nucleadas foram criadas, arranjos de cooperação e de co-evolução foram o procedimento da evolução (Capra, 1997).

Talvez porque conheçam a teoria, talvez por intuição, sensibilidade ou inteligência, o fato é que várias empresas estão-se tornando permeáveis à prática de ações que levam em conta a co-evolução de sua rede interna e a de seu ambiente e que aqui são designadas empresas humanizadas. Ao serem apresentados exemplos de empresas desse tipo, é importante que se leve em conta que não estamos considerando a totalidade de suas operações, mas, sim, determinado projeto ou conjunto de ações. Da mesma forma, sugerimos que não sejam estabelecidas correlações entre as ações tidas como humanizadas por parte dessas empresas e seus respectivos desempenhos econômico-financeiros, visto que inúmeras outras variáveis impactam esse desempenho e aqui não estão sendo considerados.

Ações de Empresas Humanizadas

Como em outros temas aos quais se tem dedicado a literatura de negócios, também no campo de chamada cidadania corporativa a presença freqüente de algumas empresas na mídia vem contribuindo para que se tornem verdadeiros ícones do que aqui estamos considerando uma organização humanizada. Num contexto internacional, são nomes já consagrados o da fabricante inglesa de cosméticos Body Shop, das norte-americanas Ben & Jerry's, Levi Strauss e Toys "Я" Us, respectivamente, uma rede de sorveterias, uma fabricante de roupas e uma rede varejista de brinquedos (Reder, 1995).

No Brasil, apesar de ser mais recente a cobertura da mídia, já se verificam algumas unanimidades no que se refere a exemplos de empresas humanizadas. Dentre elas, destacam-se C&A, Natura, Banco Itaú, Coca-Cola e outras. Menos citados, mas desenvolvendo ações igualmente relevantes, também existem no Brasil médias e pequenas empresas que não se intimidam pela escassez de recursos quando o assunto é atuar por uma causa com a qual se identificam. Algumas delas serão aqui mencionadas.

No caso da C&A, uma das maiores redes de varejo de roupas do mundo, o apoio às comunidades próximas às lojas instaladas no Brasil tem sido conduzido pelo Instituto C&A. Como foco de suas ações, o Instituto C&A voltou-se para a educação de criança e adolescentes de baixa renda e o apoio às regiões atingidas por calamidades. Para esse fim, tem investido, anualmente, 4 milhões de dólares em cerca de 350 projetos (Vassalo, 1999). Dentre esses projetos, destacam-se os de capacitação de educadores, apoio a diretores de escolas públicas no planejamento e administração e formação de centros comunitários para apoio a crianças e adolescentes. Além de recursos financeiros, o instituto disponibiliza para esses projetos o tempo dos empregados da C&A que atuam como voluntários. No relacionamento com fornecedores também estão presentes os compromissos sociais da empresa. Nesse sentido, faz parte das responsabilidades dos diretores e gerentes das unidades instaladas no Brasil a fiscalização das condições de trabalho oferecidas pelos fornecedores da empresa.

Entre as empresas do setor financeiro, historicamente vistas como pouco sensíveis a qualquer assunto que não esteja diretamente associado à maximização do lucro, já podem ser mencionadas várias iniciativas que apontam para o que Kanitz (1998) identifica como a transformação do capitalismo de resultados no capitalismo de benefícios. O Bradesco, por intermédio de sua fundação, já é uma referência obrigatória quando se fala do apoio empresarial à educação de crianças e jovens. No caso do Itaú, ações dessa natureza têm sido conduzidas pelo Instituto Itaú Cultural, o qual tem sido internacionalmente reconhecido pelo conjunto de seu trabalho na área social. Tanto o Bradesco quanto o Itaú fazem parte de um grupo de empresas que apóia um canal de TV por assinatura inteiramente dedicado à educação: o canal Futura.

Outro representante do setor financeiro, o BankBoston, também tem protagonizado ações significativas. Com uma de suas unidades operando em uma região da cidade de São Paulo caracterizada pela insegurança e violência urbana, o banco adotou um comportamento proativo. Em parceria com o Sindicato dos Bancários de São Paulo, criou o Projeto Travessia, o qual busca levar crianças e jovens que vivem nas ruas de volta a seus lares e dar a elas o acesso à educação (Vassallo, 1998). Com investimento anual em torno de 1,5 milhão de dólares, o projeto hoje conta com a participação de outras organizações, como o Bradesco, o Banco Fibra e a Fundação Abrinq, esta última ligada às indústrias de brinquedos.

As deficiências no campo da educação também foram o alvo escolhido pela Coca-Cola para expressar sua cidadania. Por meio do Programa Coca-Cola de Valorização do Jovem, a empresa procura contribuir no combate à evasão escolar. Já aceito como um dos integrantes oficiais do projeto Acorda Brasil do Ministério da Educação, esse programa baseia-se no monitoramento escolar feito por jovens entre 15 e 17 anos com seus colegas da 6ª à 8ª séries, durante o ano letivo (Riani, 1999).

Valendo-se da enorme capilaridade de sua rede de revendedoras, a Avon tem na mulher não só seu público-alvo mas também o foco de suas ações sociais. Em cada país onde atua, a empresa prepara essas revendedoras não só para vender seus produtos, mas também para transmitir informações que promovam a qualidade de vida da mulher. No Brasil, as 500 mil revendedoras da empresa são treinadas para oferecer dicas de saúde a suas clientes.

Também do setor de cosméticos, a brasileira Natura vem dedicando anualmente cerca de 3,5% de seu lucro líquido aos projetos sociais (D'Ambrosio, 1998). Contando com uma gerência de Ação Social, a Natura concentra seus recursos na área de educação. Uma de suas iniciativas, o programa Crer para Ver, mobiliza o voluntariado de seus profissionais internos e das 20 mil consultoras independentes que comercializam os produtos Natura. Esses voluntários são convidados a desenvolver e comercializar cartões, embalagens e camisetas, cujos recursos arrecadados são destinados ao financiamento de projetos de melhoria do ensino público. Nos três anos de existência do programa, 3,7 milhões de reais foram destinados a 65 projetos que beneficiaram mais de 150 mil crianças.

Certificada como Empresa Amiga da Criança pela Fundação Abrinq, a qual concede um selo para as empresas que combatem o trabalho infantil, a Natura inseriu uma cláusula de responsabilidade social nos contratos que firma com seus fornecedores. Em caso recente, verificou-se que um fornecedor empregava adolescentes sem registro, violando a referida cláusula. O desligamento do fornecedor seria sua reação esperada, mas com custos sociais visíveis. A decisão consistiu em desenvolver um trabalho com a empresa fornecedora para regularizar a situação (D'Ambrosio, 1998).

Para a Cerâmica Portobello, empresa catarinense do setor de pisos e revestimentos, a melhoria da qualidade de vida de seus funcionários e a valorização da cidade onde está situada têm sido focos dos investimentos na área social. Envolvendo a prefeitura local e a Caixa Econômica Federal, o projeto Alamandas, desenvolvido pela empresa, possibilita o acesso à casa própria para muitos de seus empregados. A doação do terreno é feita pela empresa, cabendo à prefeitura a realização das obras de infra-estrutura. Os recursos para a construção são viabilizados pelo crédito associativo oferecido pela Caixa Econômica, que proporciona aos novos proprietários prestações mensais menores do que o aluguel que até então pagavam (Botelho e Boechat, 1998).

Para três fabricantes de calçados do Rio Grande do Sul, a própria embalagem dos produtos que distribuem foi vista como veículo para mensagens que podem ser úteis quando o assunto é a melhoria das condições de vida. Focalizando a prevenção do câncer de mama, o incentivo ao acesso das crianças à escola, a divulgação de fotos de crianças desaparecidas, a prática de hábitos de higiene bucal pelas crianças e a preservação do meio ambiente, as mensagens divulgadas nas embalagens da Bibi, da Richeter e da Bottero representam, segundo um de seus executivos, "pequenas ações que podem ajudam o comportamento das pessoas", porque "não podem esperar que o governo faça tudo sozinho" (Caporal, 1998, p. A-9).

Para realizar ações sociais, mesmo sem os recursos de que dispõem as fundações e institutos criados pelas grandes corporações, as pequenas e médias empresa vêem, nas parcerias formadas entre elas e com associações setoriais, uma alternativa bastante efetiva. Para estimular essas iniciativas, o Serviço de Apoio às Micros e Pequenas Empresas (Sebrae) e o Serviço Nacional de Aprendizagem Comercial (Senac) contam com projetos específicos, como é o caso do Programa de Projetos de Gestão de Desenvolvimento Socioeconômico do Sebrae-SP, voltado para a formação de agentes sociais de acordo com vocações regionais que possam contribuir para o desenvolvimento das comunidades locais (Projeto Aprendiz, 1999).

Contando com o apoio do Senac, cerca de 100 empresas de pequeno porte de São Paulo estão envolvidas no Programa de Educação para o Trabalho. Por meio desse programa, 4 mil adolescentes carentes entre 14 e 18 anos já receberam, desde 1997, algum tipo de formação técnica. Cabe às empresas participantes o apoio às instituições sociais às quais esses adolescentes estão ligados, a oferta de estágios e até mesmo a contratação, como se deu na Segatto Móveis, empresa moveleira de 41 funcionários (Projeto Aprendiz, 1999).

Além dos projetos que recebem apoio institucional de grandes, médias e pequenas empresas, também começam a ser freqüentes aqueles que contam com o auxílio de empresários e executivos que, individualmente, colocam algum tipo de recurso a serviço da construção de um mundo melhor. Muitas vezes, esses recursos se traduzem em dedicação de uma parcela de tempo na aplicação de conhecimentos de gestão a uma causa com que esses indivíduos se identifiquem. Esse é o caso de João Roncati, gerente financeiro dos Laboratórios Biosintética, que ajuda no planejamento estratégico da organização Doutores da Alegria, que oferece assistência a crianças hospitalizadas (Projetos Aprendiz, 1999).

Para facilitar a aproximação entre as instituições sociais e os profissionais que, como o executivo João Roncati, estejam dispostos a disponibilizar seus conhecimentos por meio de trabalho voluntário, encontra-se disponível um *site* na Internet (www.voluntarios.com.br) que cadastra esses profissionais e indica as necessidades de diversas instituições. Mantido pela Kanitz Associados, o *site* conta com um número expressivo de adesões.

Quando se analisam as iniciativas das empresas aqui citadas e as de tantas outras que começam a exemplificar o conceito de organizações humanizadas, podemos identificar algumas estratégias que merecem ser seguidas. A principal delas diz respeito à escolha de um foco, ou seja, a identificação de uma causa prioritária para a qual serão canalizados os recursos e esforços. No caso de muitas das empresas aqui citadas, esse foco foi a educação.

Também nos ensinam as experiências bem-sucedidas que é fundamental o envolvimento dos empregados em torno da causa escolhida. Todos precisam reconhecer, nas ações de que participam, uma real possibilidade de fazer diferença para as pessoas e instituições beneficiadas.

Dado que o apoio a determinada causa social pode exigir competências de que a empresa não dispõe, o estabelecimento de parcerias com profissionais e instituições especializadas é uma garantia para a aplicação mais adequada dos recursos. Além desses cuidados, não se deve deixar de lado a ortodoxia dos bons manuais de Administração, que prescrevem os meios eficientes para atingirmos os fins estabelecidos. Julgando-se a natureza dos fins para os quais se voltam as empresas humanizadas, é de esperar que a Administração tenha muito a contribuir para alcançá-los.

Conclusão

Este texto teve por objetivo discutir o conceito de organização humanizada, além de apontar e justificar a necessidade e a possibilidade de sua viabilização. Considerando a relação de interdependência entre empresas e sociedade, bem como o poder econômico e a competência técnica que norteiam o ambiente de negócios, é fácil perceber a relevância do que aqui foi apresentado.

Parece acertado afirmar que, no século que se inicia, as empresas serão julgadas por seus compromissos éticos, pelo foco nas pessoas (empregados, clientes, fornecedores, concorrentes e cidadãos em geral) e pelas relações responsáveis com o ambiente natural. O paradigma que as tem sustentado apresenta anomalias e novas ações se impõem.

Ações humanizadas serão vistas como fonte de diferenciação em um ambiente de negócios, o qual não dá nenhuma indicação de que deixará de ser competitivo. Parece incongruente, já que tais ações, em princípio, representam aumento de custos? Não. Até onde se pode inferir pela vivência e observação da prática cotidiana, bem como pelas notícias que são divulgadas em âmbito mundial, consumidores estarão dispostos a, cada vez mais, incorporar em suas decisões de compra os compromissos éticos que as empresas parecem reclamar de seus fornecedores. Na mesma direção, profissionais talentosos estarão, mais e mais, sentindo-se atraídos por empresas comprometidas com o crescimento das pessoas e com causas sociais e ecológicas. Se clientes fiéis e empregados talentosos compõem, sem dúvida, um grande diferencial competitivo, empresas humanizadas serão, cada vez mais, necessárias e possíveis.

Referências Bibliográficas

ABELL, Derek. Um horizonte além da rentabilidade. *Gazeta Mercantil*, São Paulo, 25 ago. 1998. nº 8, p. 19-21. (O Domínio da Globalização.)

AKTOUF, Omar. *A administração entre a tradição e a renovação*. São Paulo: Atlas, 1996.

BOHM, David. *A totalidade e a ordem implicada*. São Paulo: Cultrix, 1992.

BOTELHO, Diógenes; BOECHAT, Yan. Empresa social. *Empreendedor*, São Paulo, ano 4, nº 47, p. 10-18, set. 1998.

CAPORAL, Angela. Caixas de papel ganham uma "função social". *Gazeta Mercantil*, São Paulo, 3 ago. 1998. p. A-9.

CAPRA, Fritjof. *O tao da física*. São Paulo: Cultrix, 1975.

_____. *O ponto de mutação*. São Paulo: Cultrix, 1982.

_____. *A teia da vida*. São Paulo: Cultrix, 1997.

CHANLAT, Jean-François. *L'individu dans l'organization*. Quebec: Eska, 1990.

COHEN. David. Mais esta agora: será que eu tenho que saber física quântica? *Exame*, São Paulo, ano 32, nº 23, p. 106-112, 4 nov. 1998.

D'AMBROSIO, Daniela. Ação social nos negócios. *Gazeta Mercantil*, São Paulo, 27 nov. 1998. Relatório Terceiro Setor, p. 1.

ESTEVES, Sérgio A. P. (Org.). *O dragão e a borboleta*: sustentabilidade e responsabilidade social das empresas. São Paulo: Axis Mundi/AMCE, 2000.

FORRESTER, Viviane. *O horror econômico*. São Paulo: Unesp, 1997.

FREIRE, Paulo. *Pedagogia do oprimido*. Rio de Janeiro: Paz e Terra, 1974.

HARMAN, Willis W. The challenge of creating a new social order. In: INTERNATIONAL CONFERENCE ON ORGANIZATIONAL DEVELOPMENT, 1995, Puerto Vallarta, México. *Anais*... Puerto Vallarta. Institute of Noetic Sciences, 1995.

_____. O mundo dos negócios no século XXI: um pano de fundo para o diálogo. In: RENESCH, John. *Novas tradições nos negócios:* valores nobres e liderança no século XXI. São Paulo: Cultrix, 1996.

HERN, Matt (Org.) *Deschooling our lives*. Gabriola Island: New Society, 1996.

KANITZ, Stephen. Capitalismo beneficente. *Veja*, São Paulo, p. 21, 27 maio 1998.

KORTEN, David C. A market-based approach to corporate responsibility: perspectives business and global change. *World Business Academy,* San Francisco, v. 11, nº 2, p. 45-55, June 1997.

KUHN, Thomas S. *A estrutura das revoluções científicas.* São Paulo: Perspectiva, 1982.

LEAL, Guilherme Peirão. Empresa ética não é sonho. *Exame*, São Paulo, ano 32, nº 22, p. 142, 21 out. 1998.

LYNN, Jonathan. Nobel de Economia vai para indiano estudioso da prosperidade social. *Gazeta Mercantil*, São Paulo, 15 out. 1998. p. A-12.

MACHADO, Luiz. *Descubra e use a sua inteligência emocional.* Rio de Janeiro: L. Machado, 1997.

MATURANA, Humberto; VARELA, Francisco. *De máquinas y seres vivos.* Santiago: Editorial Universitária, 1972.

MORIN, Edgar. *Ciência com consciência.* Rio de Janeiro: Bertrand Brasil, 1996.

ORGANIZAÇÃO DAS NAÇÕES UNIDAS. *Human Development Report 1998.* Disponível em: <http://www.undp.org>.

_____. *Human Development Report 2000.* Disponível em: <http://www.undp.org>.

ORR, David W. *Earth in mind:* on education, environment, and the human prospect. Washinton: Island Press, 1994.

PRIGOGINE, Ilya. *O fim das certezas*. São Paulo: Fundação Unesp, 1986.

_____; STENGERS, Isabelle. *Order out of chaos*. New York: Bantam, 1984.

PROJETO APRENDIZ. *Pequenas realizam trabalho social.* 1999. Disponível em: <http://www.aprendiz.com.br>.

RAY, Michael. Qual é o novo paradigma nos negócios? In: _____; RINZLER, Alan (Org.). *O novo paradigma nos negócios:* estratégias emergentes para liderança e mudança organizacional. São Paulo: Cultrix, 1997.

REDER, Alan. *75 best business practices for socially responsible companies*. New York: Tarcher/Putnam Book, 1995.

RIANI, Mônica. Evasão escolar no Rio será combatida com apoio empresarial. *Gazeta Mercantil*, Rio de Janeiro, 10 mar. 1999. Caderno Gazeta do Rio, p. 1.

RYLAND, Elisabeth k. "Greening" business education: teaching the paradigm. *Journal of Management Education*, Londres, v. 22, nº 3, p. 340-343, June 1998.

SCHUMACHER, E. F. *O negócio é ser pequeno*: um estudo da economia que leva em conta as pessoas. Rio de janeiro: Zahar, 1983.

SORMAN, Guy. *Os verdadeiros pensadores de nosso tempo.* Rio de Janeiro: Imago, 1989.

TOFFLER, Alvin. *O choque do futuro*. São Paulo: Artenova, 1981.

VASSALLO, Cláudia. Fazer o bem compensa? *Exame*, São Paulo, ano 31, nº 9, p. 23-30, 22 abr. 1998.

VASSALLO, Cláudia. Um caso exemplar. *Exame*, São Paulo, ano 32, nº 28, p. 69-79, 13 jan. 1998.

VERGARA, Sylvia Constant; BRANCO, Paulo Durval. Em busca de visão de totalidade. *RAE – Revista de Administração de Empresas*, São Paulo, v. 33, nº 6, p. 20-31, nov./dez. 1993.

WILBER, Ken. *O espectro da consciência*. São Paulo: Cultrix, 1977.

———. (Org.). *O paradigma holográfico e outros paradoxos*. São Paulo: Cultrix, 1991.

3

GESTÃO DE COMPETÊNCIAS E GESTÃO DE DESEMPENHO*

Hugo Pena Brandão
Tomás de Aquino Guimarães

INTRODUÇÃO**

A sociedade contemporânea está passando por um período de grandes transformações sociais, econômicas, políticas e culturais, que resultam num processo de reestruturação produtiva. Nas organizações, o impacto dessa reestruturação materializa-se por intermédio de processos de racionalização organizacional e técnicas que incorporam ao ambiente empresarial novas tecnologias e novos modelos de gestão. Configura-se como desafio às organizações desenvolver e utilizar instrumentos de gestão que lhes garantam certo nível de competitividade atual e futuro.

As propostas para a obtenção de vantagem competitiva, apesar das diferenças de ordem semântica, parecem caminhar em uma mesma direção: gestão estratégica de recursos humanos (Taylor, Beechler e Napier, 1996); gestão de

---

* Artigo publicado originalmente na *RAE – Revista de Administração de Empresas*, São Paulo, v. 41, nº 1, p. 8-15, jan./mar. 2001.

** Os autores agradecem as críticas e sugestões recebidas dos Profs. Waldy Viegas e Guillermo Asper, da Universidade de Brasília, e do Prof. Mozar José de Brito, da Universidade Federal de Lavras.

competências (Prahalad e Hamel, 1990; Heene e Sanchez, 1997); acumulação do saber (Arrègle, 1995; Wright, Van e Bouty, 1995); e gestão do capital intelectual (Stewart, 1998). Percebe-se, nessas proposições, a ênfase nas pessoas como recurso determinante do sucesso organizacional, uma vez que a busca pela competitividade impõe às empresas a necessidade de contar com profissionais altamente capacitados, aptos a fazer frente às ameaças e oportunidades do mercado.

Nesse contexto, é possível visualizar a **gestão de competências** e a **gestão de desempenho** como instrumentos que fazem parte de um mesmo movimento, voltado a oferecer alternativas eficientes de gestão às organizações. Mas até que ponto esses instrumentos representam tecnologias de gestão díspares? Não seriam terminologias diferentes utilizadas para representar um mesmo construto? São tecnologias apresentadas como distintas apenas em decorrência de mais um modismo da teoria organizacional?

Busca-se, neste artigo, discutir a evolução, as características e as aplicações práticas da gestão de competências e da gestão de desempenho, bem como identificar as principais semelhanças e diferenças entre essas tecnologias, procurando respostas para as questões apresentadas. Pretende-se, dessa forma, contribuir para o debate teórico e prático em torno do tema e apresentar sugestões de releitura de conceitos.

Gestão de Competências: Principais Características e Aplicações

No fim da Idade Média, a expressão *competência* era associada essencialmente à linguagem jurídica. Dizia respeito à faculdade, atribuída a alguém ou a alguma instituição, de apreciar e julgar certas questões. Por extensão, o conceito de competência veio a designar o reconhecimento social sobre a capacidade de alguém de pronunciar-se em relação a determinado assunto e, mais tarde, passou a ser utilizado, de forma mais genérica, para qualificar o indivíduo capaz de realizar determinado trabalho (Isambert-Jamati, 1997).

A preocupação das organizações em contar com indivíduos capacitados para o desempenho eficiente de determinada função não é recente. Taylor (1970) já alertava, no início do século passado, para a necessidade de as empresas contarem com "homens eficientes", ressaltando que a procura pelos **competentes** excedia a oferta. Na época, com base no princípio taylorista de seleção e treinamento do trabalhador, as empresas procuravam aperfeiçoar em seus empregados as habilidades necessárias para o exercício de atividades específicas, restringindo-se às questões técnicas relacionadas ao trabalho e às especificações de cargo. Posteriormente, em decorrência de pressões sociais e do aumento da complexidade das relações de trabalho, as organizações passaram a considerar, no processo de desenvolvimento profissional de seus empregados, não somente questões técnicas, mas também aspectos sociais e comportamentais relacionados ao trabalho.

Ao definir competência, Zarifian (1996), por exemplo, faz alusão à metacognição e a atitudes relacionadas ao trabalho, baseando-se na premissa de que, em um ambiente dinâmico e competitivo, não é possível considerar o trabalho como um conjunto de tarefas ou atividades predefinidas e estáticas. Para esse autor, competência significa

> "assumir responsabilidades frente a situações de trabalho complexas [aliado] (...) ao exercício sistemático de uma reflexividade no trabalho" (Zarifian, 1996, p. 50),

permitindo ao profissional lidar com eventos inéditos, surpreendentes e de natureza singular.

Sparrow e Bognanno (1994), ao tratar do mesmo tema, fazem referência a um repertório de atitudes que possibilitam ao profissional adaptar-se rapidamente a um ambiente cada vez menos estável e ter uma orientação para a inovação e a aprendizagem permanentes. Segundo esses autores, competências representam atitudes identificadas como relevantes para a obtenção de alto desempenho em um trabalho específico ao longo de uma carreira profissional ou no contexto de uma estratégia corporativa.

Existem, ainda, autores que definem competência não apenas como um conjunto de qualificações que o indivíduo detém. Para eles, é necessário também colocar em prática o que se sabe, ou seja, mobilizar e aplicar tais qualificações em um contexto específico. Dutra, Hipólito e Silva (1998), por exemplo, conceituam competência como a capacidade de uma pessoa de gerar resultados dentro dos objetivos organizacionais. Para Ropé e Tanguy (1997), um aspecto essencial da competência é que esta não pode ser compreendida de forma separada da ação.

Durand (1998), por sua vez, seguindo as chaves do aprendizado individual de Pestalozzi,[1] construiu um conceito de competência baseado em três

---

1. Henri Pestalozzi (1746-1827), pedagogo suíço, idealizou a educação como o desenvolvimento natural, espontâneo e harmônico das capacidades humanas que se revelam na tríplice atividade da cabeça, das mãos e do coração (*head*, *hand* e *heart*), isto é, na vida intelectual, técnica e moral do indivíduo. Ver LARROYO, Francisco. *História geral da pedagogia*. São Paulo: Mestre Jou, 1974.

dimensões – conhecimentos, habilidades e atitudes –, englobando não só questões técnicas, mas também a cognição e as atitudes relacionadas ao trabalho, como mostra a Figura 1. Nesse caso, competência diz respeito ao conjunto de conhecimentos, habilidades e atitudes necessários à consecução de determinado propósito.

Tais dimensões são interdependentes à medida que, para a exposição de uma habilidade, se presume que o indivíduo conheça princípios e técnicas específicos. Da mesma forma, a adoção de um comportamento no trabalho exige da pessoa, não raras vezes, a detenção não apenas de conhecimentos, mas também de habilidades e atitudes apropriadas. Abordagens como essa parecem possuir aceitação mais ampla tanto no ambiente empresarial como no meio acadêmico, visto que procuram integrar diversos aspectos relacionados ao trabalho.

Além do nível individual, o conceito de competência aplica-se também à equipe de trabalho e a toda a organização. Zarifian (1996) sustenta que não se deve desconsiderar a dimensão da equipe no processo produtivo e sugere que uma competência pode ser atribuída tanto a um indivíduo quanto a um grupo de trabalho. Durand (2000) chama a atenção para esse aspecto ao afirmar que crenças e valores compartilhados pela equipe de trabalho influenciam sobremaneira a conduta e o desempenho de seus componentes.

Prahalad e Hamel (1990) tratam do conceito no nível organizacional, referindo-se à competência como um conjunto de conhecimentos, habilidades, tecnologias, sistemas físicos e gerenciais inerentes a uma organização. Assim, competências essenciais organizacionais são as que conferem vantagem competitiva, geram valor distintivo percebido pelos clientes e são difíceis de ser imitadas pela concorrência. O *design* de motores leves da Honda e a capacidade de miniaturização da Sony são exemplos de competência citados pelos autores. É possível, portanto, classificar as competências como **humanas** – as relacionadas ao indivíduo ou à equipe de trabalho – ou **organizacionais** – as que dizem respeito a toda a organização.

A gestão de competências pode ser visualizada como uma tecnologia derivada da *Resource-Based Management Theory*. Essa teoria argumenta que certos atributos organizacionais (recursos) são condicionantes do sucesso da empresa com relação à concorrência. O pressuposto é o de que o domínio de recursos raros, valiosos e difíceis de serem imitados confere à organização certa vantagem competitiva (Taylor, Beechler e Napier, 1996; Barney, citado por Raub, 1998). Essa corrente sugere, ainda, que a gestão estratégica de recursos humanos contribui para gerar vantagem competitiva sustentável por promover o desenvolvimento de habilidades, produzir um complexo de relações sociais e gerar conhecimento, ou seja, desenvolver competências.

Conhecimentos
- Informação
- Saber o quê
- Saber o porquê

COMPETÊNCIA

Habilidades
- Técnica
- Capacidade
- Saber como

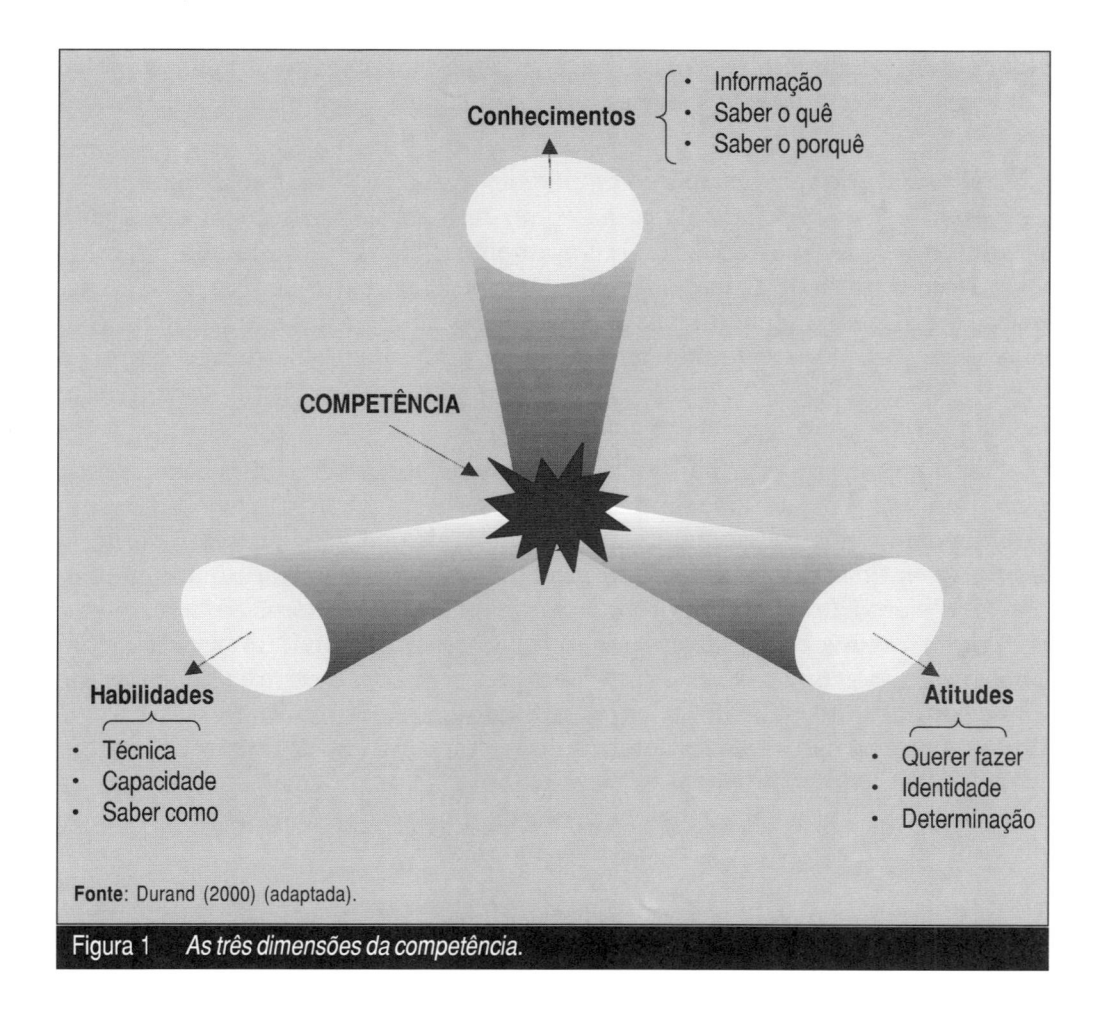

Atitudes
- Querer fazer
- Identidade
- Determinação

Fonte: Durand (2000) (adaptada).

Figura 1 As três dimensões da competência.

Diversas empresas têm recorrido à utilização de modelos de gestão de competências, objetivando planejar, selecionar e desenvolver as competências necessárias ao respectivo negócio. Um modelo sugerido por Ienaga (1998) tem como passo inicial a identificação do *gap* (lacuna) de competências da organização, como mostra a Figura 2. Esse processo consiste em estabelecer os objetos e as metas a serem alcançados segundo a intenção estratégica da organização e, depois, identificar a lacuna entre as competências necessárias à consecução desses objetivos e as competências internas disponíveis na empresa. Os passos seguintes compreendem o planejamento, a seleção, o desenvolvimento e a avaliação de competências, buscando minimizar a referida lacuna, o que pressupõe a utilização de diversos subsistemas de recursos humanos, entre os quais, recrutamento e seleção, treinamento e gestão de desempenho. A idéia é que a organização e seus profissionais "eliminem as lacunas entre o que podem fazer e o que os clientes esperam que eles façam" (Stewart, 1998, p. 84).

Nesse sentido, a gestão de competências faz parte de um sistema maior de gestão organizacional. Ela toma como referência a estratégia da organização e direciona suas ações de recrutamento e seleção, treinamento, gestão de carreira e formalização de alianças estratégicas, entre outras, para a captação e o desenvolvimento das competências necessárias para atingir seus objetivos. Esse processo pode proporcionar a "consistência interna da estratégia" (Tilles, 1997, p. 6), ou seja, um impacto positivo cumulativo dessas ações sobre o desempenho organizacional.

Seria temerário afirmar que o processo de gestão de competências é do tipo *top-dows*, em que as competências essenciais da organização determinam as competências humanas, ou o contrário, que esse processo seria do tipo *bottom-up*, em que estas determinam aquelas. A gestão de competências deve ser vista como um processo circular, envolvendo os diversos níveis da organização, desde o corporativo até o individual, passando pelo divisional e o grupal. O importante é que a gestão de competências esteja em perfeita sintonia com a estratégia organizacional (missão, visão de futuro e objetivos). A visão determina o estado futuro desejado pela organização, sua intenção estratégica, e orienta a formulação das políticas e diretrizes e todos os esforços em torno da captação e do desenvolvimento de competências.

Gestão de Desempenho: Principais Características e Aplicações

Embora mecanismos de avaliação de desempenho tenham sido utilizados para o controle dos trabalhadores desde a Antigüidade, foi com o surgimento do capitalismo e das grandes indústrias que a avaliação do desempenho humano ganhou maior significado. A utilização ampliada de processo e escalas para avaliar o desempenho de empregados tomou corpo com o advento do taylorismo, no início do século passado. As pesquisas de Taylor para a racionalização do trabalho deram origem às primeiras escalas de "avaliação de mérito", aplicadas, na época, para disciplinar o trabalhador e interferir em seu modo de realizar o trabalho.

Ao longo do século XX, a avaliação de desempenho passou das metodologias de controle dos tempos e movimentos para processos que consideram o empregado e seu trabalho como parte de um contexto organizacional e social mais amplo (Guimarães, Nader e Ramagem, 1998). Com base na necessidade das organizações de contar com instrumentos para estimular o trabalhador a adotar ou reforçar determinadas atitudes, as técnicas de avaliação de desempenho foram sendo aperfeiçoadas, valendo-se, principalmente, de contribuições das Ciências Sociais.

No que diz respeito à responsabilidade pela avaliação, por exemplo, essas técnicas evoluíram de um modelo de **avaliação de mão única**, por meio do qual o chefe realizava unilateralmente um diagnóstico dos pontos fortes e fracos do subordinado, para outros modelos, como a **avaliação bilateral**, em que chefe e subordinado discutem em conjunto o desempenho deste último, e, mais recentemente, a **avaliação 360º**, que propõe a utilização de múltiplas fontes, ou seja, a avaliação do empregado por clientes, pares, chefe e subordinados, conforme proposto por Edwards e Ewen (1996).

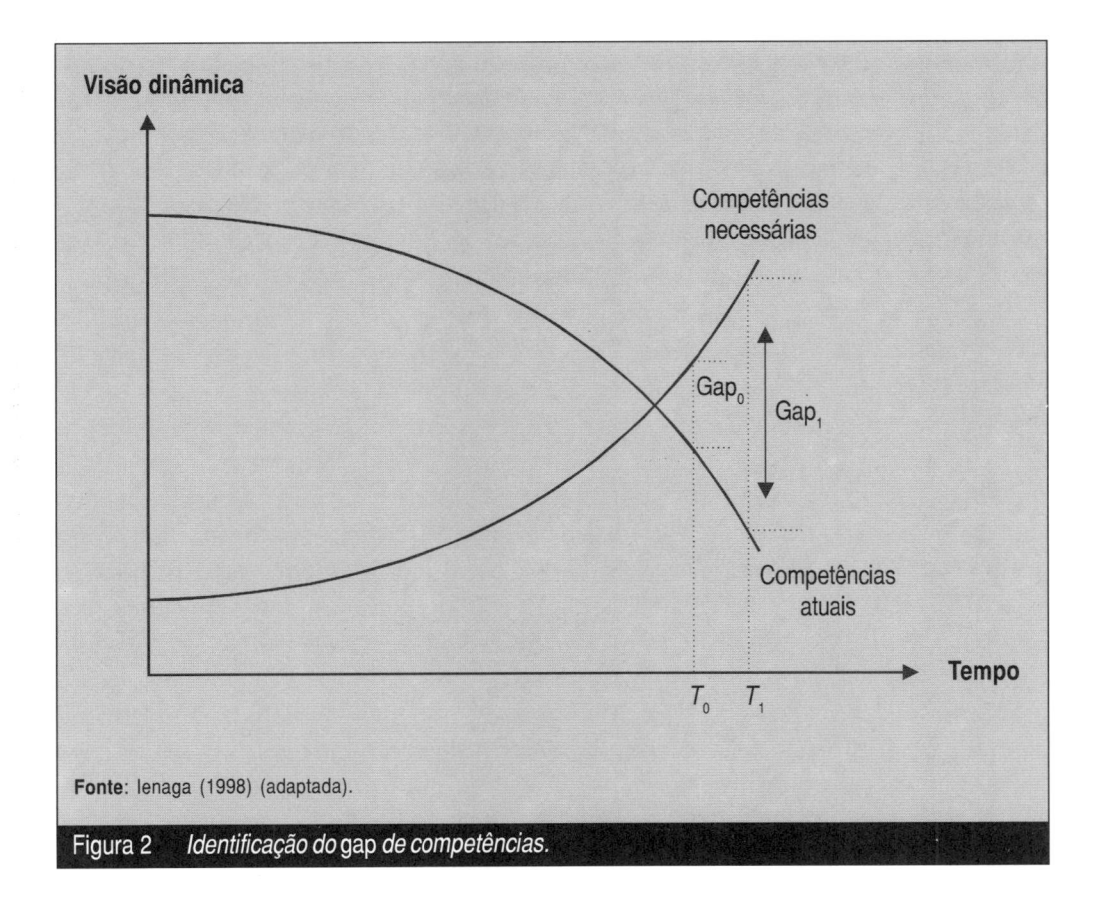

Fonte: Ienaga (1998) (adaptada).

Figura 2   *Identificação do gap de competências.*

Assim, diversos têm sido os mecanismos utilizados pelas organizações para a avaliação do desempenho humano no trabalho, cada qual procurando desenvolver metodologias adequadas a suas necessidades e finalidades. Enquanto, na perspectiva funcionalista, a avaliação é vista como um processo que visa ao desenvolvimento de recursos humanos e à melhoria da *performance* no trabalho (Goodale, 1992; Lucena, 1977), na perspectiva crítica, a avaliação é entendida como um mecanismo utilizado pela organização para exercer o controle psicossocial sobre os trabalhadores (Pagès et al., 1993).

A gestão de desempenho surgiu nos últimos anos como um conceito alternativo às técnicas tradicionalmente utilizadas para a avaliação de desempenho. Avaliar significa, em síntese, comparar os resultados alcançados com os esperados (planejados), de forma que apenas o trabalho previamente planejado deve ser objeto de avaliação. Isso pressupõe não só a comparação entre o que se espera do indivíduo em termos de realização (resultado esperado) e sua atuação efetiva (trabalho realizado), mas também a existência de algum mecanismo de acompanhamento que permita corrigir desvios para assegurar que a execução corresponda ao que foi planejado (Lucena, 1977; Aluri e Reichel, 1994). O termo *gestão* dá ao mecanismo de avaliação a conotação de um processo que envolve atividades de planejamento, de acompanhamento e de avaliação propriamente dita (Guimarães, 1998).

As organizações modernas necessitam de mecanismos de avaliação de desempenho em seus diversos níveis, desde o corporativo até o individual, pois, como sugerem Oliveira-Castro, Lima e Veiga (1996), o desempenho no trabalho é resultante não apenas das competências inerentes ao indivíduo, mas também das relações interpessoais do ambiente de trabalho e das características da organização. Um sistema de gestão de desempenho, conforme descrito por Guimarães, Nader e Ramagem (1998), mostra que, no nível **corporativo**, o planejamento, o acompanhamento e a avaliação restringem-se à missão, à visão e aos objetivos macro, tendo a sustentabilidade da organização como resultado esperado. No nível **divisional** ou **funcional**, o interesse recai sobre os objetivos e as metas de cada unidade produtiva da empresa, visando à eficácia organizacional. No nível **grupal**, a avaliação concentra-se sobre os projetos e processos de trabalho, isto é, sobre as equipes. Finalmente, no nível **individual**, o objeto a ser avaliado e o resultado do trabalho do indivíduo de seu comportamento no ambiente de trabalho ou de ambos. Nestes dois últimos níveis, busca-se a qualidade dos produtos e serviços gerados pela organização.

Como visto, a gestão de desempenho faz parte de um processo maior de gestão organizacional, uma vez que permite rever estratégias, objetivos, processos de trabalho e políticas de recursos humanos, entre outros, objetivando a correção de desvios e dando sentido de continuidade e sustentabilidade à organização.

GESTÃO DE COMPETÊNCIAS *VERSUS* GESTÃO DE DESEMPENHO

Com base na revisão realizada, é possível indagar até que ponto a gestão de desempenho é algo diferente da gestão de competências. Ambas as tecnologias propõem a necessidade de associar a *performance* ou as competências da organização com as de seus membros.

No caso da gestão de desempenho, por exemplo, alguns autores (Guimarães, 1998; Oliveira-Castro, Lima e Veiga, 1996) sustentam que as organizações deveriam dispor de instrumentos de avaliação de desempenho em seus diversos níveis, do corporativo ao individual. Da mesma forma, na gestão de competências, as proposições de Prahalad e Hamel (1990) e Durand (1998) seguem o mesmo caminho, sugerindo a existência de competências organizacionais e humanas.

Essas tecnologias de gestão parecem estar baseadas em um mesmo pressuposto: a competência ou o desempenho do indivíduo exercem influência na competência ou desempenho da organização e são influenciados por ela. Enquanto a corrente da gestão de competências argumenta que a competência humana, aliada a outros recursos, dá origem e sustentação à competência organizacional, os autores que defendem a gestão de desempenho alegam que a *performance* no trabalho é resultante não apenas das competências inerentes ao indivíduo, mas também de atributos organizacionais.

A necessidade de associar o desempenho ou as competências humanas com o desempenho ou as competências de toda a organização faz com que tanto a gestão de desempenho como a de competências estejam inseridas em um contexto de gestão estratégica de recursos humanos, entendida com a função de atrair, desenvolver e manter o pessoal necessário para atingir os objetivos organizacionais, por meio da utilização de sistemas de recursos humanos consistentes entre si e coerentes com a estratégia da organização (Taylor, Beechler e Napier, 1996). Em outras palavras, as duas tecnologias de gestão propõem integrar os subsistemas de recursos humanos – gestão de carreira, remuneração, recrutamento e seleção, treinamento e desenvolvimento, entre outros – e a estratégia organizacional.

Além disso, ambas as tecnologias podem empregar indicadores relacionados tanto ao resultado do trabalho como ao comportamento ou processo utilizado para alcançá-lo. Quando a gestão de desempenho ocorre no nível individual, por exemplo, é possível avaliar o trabalhador tomando como parâmetro não só os resultados decorrentes do trabalho executado, mas também a manifestação, por parte do indivíduo, de conhecimentos, habilidades e atitudes que se pressupõe serem relevantes para a consecução dos objetivos organizacionais. Da mesma forma, na gestão de competências, uma competência se traduz tanto pelo resultado alcançado como pelo conjunto de conhecimentos, habilidades e atitudes necessários para atingi-lo. Observam-se, então, até mesmo semelhanças conceituais entre competência e desempenho. O resultado alcançado (desempenho) representa, em última instância, a própria competência do indivíduo.

Outra semelhança é que tanto a gestão de desempenho quanto a de competências presumem um processo que considera a interdependência entre os atos de planejar, acompanhar e avaliar. Sob esse aspecto, nota-se que os processos inerentes às duas tecnologias muitas vezes se sobrepõem, parecendo ser complementares. Na gestão de competências, por exemplo, faz-se necessário contar com algum mecanismo de avaliação de desempenho que permita à empresa identificar seu *gap* (lacuna) de competências, tanto no nível individual como no organizacional. Infere-se, portanto, que a identificação de necessidades de desenvolvimento de competências acontece por meio da gestão de desempenho.

Outro aspecto que merece ser considerado é a possibilidade de a gestão de desempenho e a de competências contribuírem para o que Pagès et al. (1993) denominaram processos de objetivação e individualização do trabalho e, dessa forma, acabarem constituindo-se em mecanismos de controle social de trabalhadores e de manutenção das estruturas de poder das organizações. Nesse caso, a **objetivação** refere-se ao processo de traduzir, em termos quantitativos, o desempenho e as competências do indivíduo, buscando estimar o valor de sua contribuição para atingir os objetivos organizacionais. A **individualização**, por sua vez, nada mais é que o reforço ao individualismo como estratégia para evitar a mobilização de trabalhadores em torno de reivindicações coletivas.

Sob esse ponto de vista, tais tecnologias teriam uso eminentemente patronal e, mais que instrumentos de gestão estratégica de recursos humanos, representariam apenas um exercício convencional de pragmatismo, buscando intensificar o controle social sobre o trabalhador. Segundo Legge (1995), certas práticas de recursos humanos conferem um aspecto de modernidade aos estilos administrativos, mas, na realidade, não negam os princípios fundamentais do taylorismo e do fordismo nem alteram as estruturas de poder nas empresas.

Hirata (1997) e Spink (1997), por sua vez, afirmam que os conceitos de competência, desempenho e empregabilidade[2] remetem, sem mediações, a um sujeito, à individualização do trabalho e a efeitos excludentes e marginalizadores. Para eles, a possibilidade de concentrar a atenção mais sobre a pessoa que sobre o posto de trabalho e de associar as qualidades requeridas de um indivíduo fortaleceria a divisão da sociedade em um núcleo "altamente capacitado" (ou competente) e uma periferia "desqualificada" e, portanto, excluída do processo produtivo.

Para se configurarem como práticas gerenciais inovadoras, é possível inferir que a gestão de competências e a de desempenho devam ter como objetivo maior não somente a melhoria das *performances* profissional e organizacional, mas, principalmente, o desenvolvimento das pessoas em um sentido mais amplo. Somente assim a competência e o desempenho representariam, ao mesmo tempo, um valor econômico para a organização e um valor social para o indivíduo. Segundo Zarifian (1999), o desafio é fazer com que a empresa seja não apenas "qualificada", do ponto de vista da competitividade, mas também "qualificante", no sentido de oferecer diversas oportunidades de crescimento a seus membros. Dessa forma, seria possível assegurar certa autonomia às pessoas, como contraponto ao controle social de que falam Legge (1995) e Pagès et al. (1993).

A perspectiva sociológica da abordagem da competência é também explorada por Tanguy (1997), para quem os discursos sobre competência proliferam tanto nas empresas como na esfera educacional. Para ela, "essa noção é invocada tanto pelas políticas de emprego orientadas pela busca da flexibilidade como pelas políticas de mudança da organização do trabalho ou de gestão de pessoal" (Tanguy, 1997, p. 167).

Ainda segundo essa autora, ao mesmo tempo em que o domínio de uma profissão, uma vez adquirido, não pode ser questionado, as competências são apresentadas com propriedades instáveis que devem ser sempre submetidas à objetivação e avaliação dentro e fora do ambiente de trabalho.

---

2. Empregabilidade diz respeito à probabilidade que pode ter um indivíduo à procura de um emprego de encontrá-lo, isto é, refere-se à probabilidade de reinserção no mercado formal de trabalho. Quanto mais qualificado ou competente for o indivíduo, maior sua empregabilidade. Ver CASALI, A. et. al. (Org.). *Empregabilidade e educação*: novos caminhos no mundo do trabalho. São Paulo: Editora da PUC, 1997.

Conclusões

O interesse recente sobre a gestão estratégica de recursos humanos deu origem a uma série de teorias e práticas de recursos humanos, fazendo com que conceitos como o de competência, desempenho e empregabilidade passassem a fazer parte da retórica de muitas organizações, adquirindo diversas conotações e, muitas vezes, sendo utilizados de maneiras distintas tanto no ambiente empresarial como no meio acadêmico. A complexidade do tema tornou a fragmentação teórica inevitável, o que parece natural, pois concepções variadas e até mesmo contraditórias sobre um mesmo assunto talvez sejam a representação mais acurada do mundo pós-moderno.

Embora a gestão de competências e a gestão de desempenho estejam inseridas nesse contexto de fragmentação teórica, é possível perceber a relação de interdependência existente entre elas. Parece necessária a aplicação concomitante dos pressupostos e processos subjacentes a ambos os instrumentos para integrar e direcionar esforços, sobretudo os relacionados à gestão de recursos humanos. Mais que tecnologias independentes ou distintas, a gestão de competências e a de desempenho parecem complementar-se em um contexto mais amplo de gestão organizacional.

Como instrumentos de um mesmo construto, melhor seria cunhar o termo *gestão de desempenho baseada nas competências*, uma vez que este considera o caráter de complementaridade e interdependência entre competência e desempenho. Parece preciso integrar, em um único modelo de gestão, as atividades de planejamento, acompanhamento e avaliação de desempenho, a partir de um diagnóstico das competências essenciais à organização, desde o nível corporativo até o individual, conforme sugerido por Guimarães et al. (2000), justificando-se, portanto, a reconceituação ou releitura de conceitos aqui proposta (ver Figura 3).

Quando utilizados com a finalidade de objetivação e individualização do trabalho, esses instrumentos apenas aprofundam o controle psicossocial da organização sobre seus empregados, o que pode até ser legítimo do ponto de vista patronal, mas retira a "roupagem moderna" da gestão estratégica de recursos humanos. Nesses casos, estaríamos diante de uma espécie de neofordismo, como o define Legge (1995), ou de novas formas de controle de mão-de-obra, sob a perspectiva de uma flexibilidade nas relações de trabalho que submete o empregado a ritmos cada vez mais intensos de trabalho com o objetivo de alcançar níveis crescentes de produtividade.

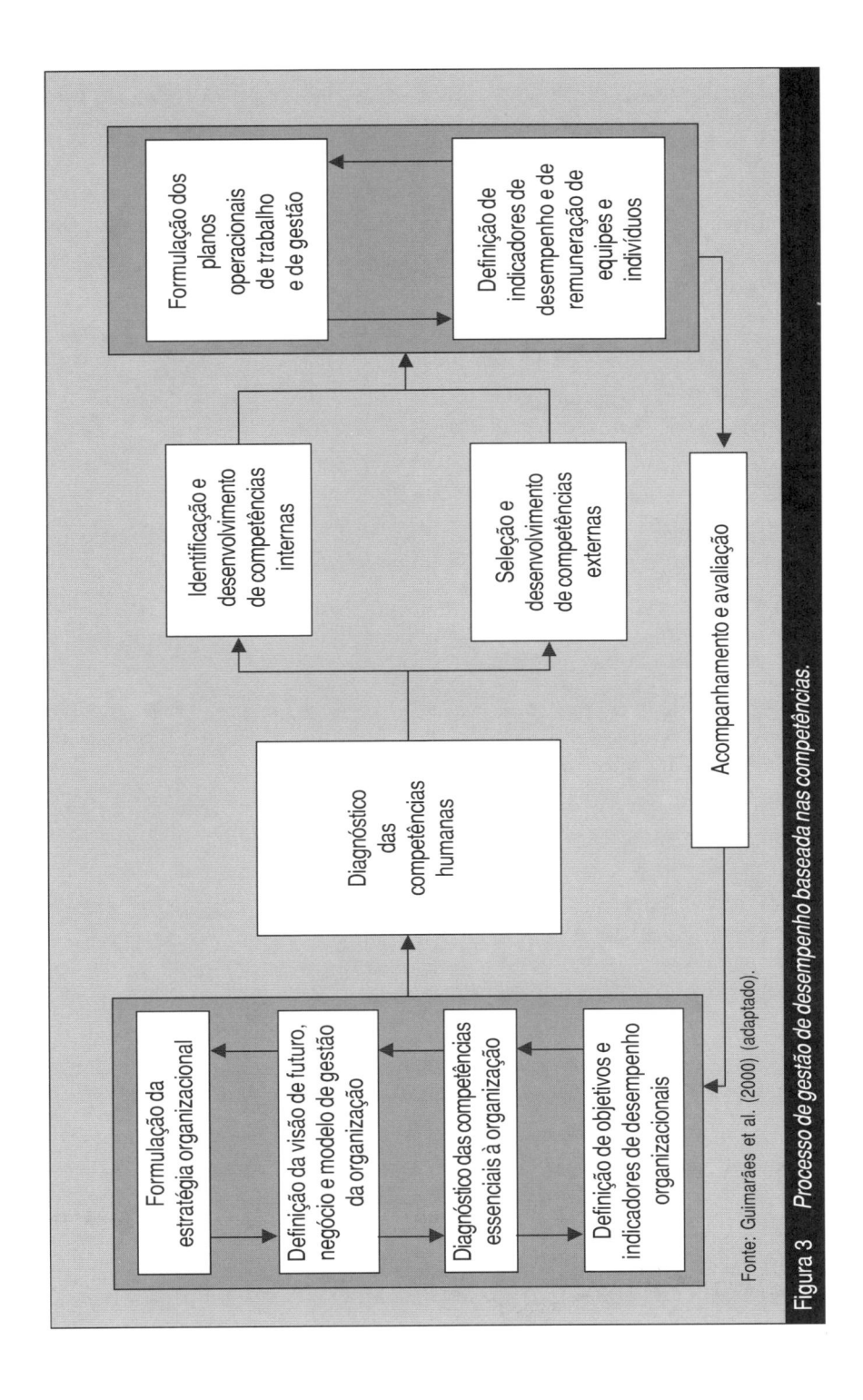

Figura 3 Processo de gestão de desempenho baseada nas competências.

Fonte: Guimarães et al. (2000) (adaptado).

Para finalizar, é possível inferir que o desafio das organizações está relacionado à utilização de tais instrumentos associados a práticas de aprendizagem coletiva, desenvolvimento de equipes e gestão do conhecimento, entre outras, que ofereçam múltiplas oportunidades de crescimento profissional e estimulem as pessoas não apenas a desenvolver coletivamente competências, mas também a compartilhá-las. Do contrário, esses instrumentos de gestão poderiam até apresentar-se com uma roupagem moderna, mas, de fato, não representariam inovações nas práticas de gestão.

REFERÊNCIAS BIBLIOGRÁFICAS

ALURI, R.; REICHEL, M. Performance evaluation: a deadly disease? *The Journal of Academic Librarianship*, v. 20, nº 3, p. 145-155, July 1994.

ARRÈGLE, J. L. Le savoir et l'approche "resource based": une ressource et une compétence, *Revue Française de Gestion*, nº 105, p. 84-94, Sept./Oct. 1995.

DURAND, T. Forms of incompetence. In: INTERNACIONAL CONFERENCE ON COMPETENCE-BASED MANAGEMENT, 4, 1998, Oslo. *Preceedings...* Oslo: Norwegian School of Management, 1998.

_____. L'alchimie de la compétence. *Reveu Française de Gestion*, nº 127, p. 84-102, jan/fév. 2000.

DUTRA, J. S.; HIPÓLITO, J. M.; SILVA, C. M. Gestão de pessoas por competências. In: ENCONTRO NACIONAL DA ASSOCIAÇÃO NACIONAL DOS PROGRAMAS DE PÓS-GRADUAÇÃO EM ADMINISTRAÇÃO, 22, 1998, Foz de Iguaçu. *Anais...* Foz de Iguaçu: Anpad, 1998.

EDWARDS, M. R.; EWEN. A. J. *360º feedback*: the new model for employee assessment & performance improvent. New York: American Management Association, 1996.

GOODALE, J. G. Improving performance appraisal. *Business Quarterly*, v. 57, nº 2, p. 65-70, 1992.

GUIMARÃES, T. A. Gestão do desempenho em organizações públicas descentralizadas. In: CONGRESSO INTERNACIONAL DO CLAD, 3, 1998. Madri. *Anais...* Madri: Clad, 1998.

_____. NADER, R. M.; RAMAGEM, S. P. Avaliação de desempenho de pessoal: uma metodologia integrada ao planejamento e avaliação organizacionais. *Revista de Administração Pública*, v. 32, nº 6, p. 43-61, 1998.

GUIMARÃES, T. A. et al. Forecasting core competencies in R&D environment. In: INTERNATIONAL CONFERENCE ON MANAGEMENT OF TECHNOLOGY, 9, Feb. 2000, Miami. *Proceedings...* Miami: International Association for Management of Technology, 2000.

HEENE, A.; SANCHEZ, R. *Competence-based strategic management*. Chichester: John Wiley, 1997.

HIRATA, H. Os mundos do trabalho: convergência e diversidade num contexto de mundança dos paradigmas produtivos. In: CASALI, A. et. al. (Org). *Empregabilidade e educação*: novos caminhos no mundo do trabalho. São Paulo: Editora da PUC, 1997. p. 23-42.

IENAGA, C. H. *Competence-based management*: seminário executivo. São Paulo: Dextron Consultoria Empresarial, 1998.

ISAMBERT-JAMATI, V. O apelo à noção de competência na revista *L'Orientation Scolaire et Profissionelle*. In: ROPÉ, F.; TANGUY, L. (Org.). *Saberes e competências*: o uso de tais noções na escola e na empresa. Campinas: Papirus, 1997. p. 103-133.

LEGGE, K. *Human resource management*: rhetorics and realities. Londres: McMillan, 1995.

LUCENA, M. D. S. *Avaliação de desempenho*: métodos e acompanhamento. São Paulo: McGraw-Hill do Brasil, 1977.

OLIVEIRA-CASTRO, G. A.; LIMA, G. B. C.; VEIGA, M. R. M. Implantação de um sistema de avaliação de desempenho: métodos e estratégias. *Revistas de Administração*, v. 31, nº 3, p. 38-52, 1996.

PAGÈS, M. et. al. *O poder das organizações*. São Paulo: Atlas, 1993.

PRAHALAD, C. K.; HAMEL, G. The core competente of the corporation. *Harvard Business Review*, v. 68, nº 3, p. 79-91, May/June 1990.

RAUB, S. P. A knowledge-based framework of competence development. In: INTERNACIONAL CONFERENCE ON COMPETENCE-BASED MANAGEMENT, 4, 1998, Oslo. *Proceedings...* Oslo: Norwegian School of Management, 1998.

ROPÉ, F.; TANGUY, L. Introdução. In: ROPÉ, F.; TANGUY, L. (Org.). *Saberes e competências*: o uso de tais noções na escola e na empresa. Campinas: Papirus, 1997. p. 15-24.

SPARROW. P. R.; BOGNANNO. M. Competency requirement forecasting: issues for international selection and assessment. In: MABEY, C.; ILES, P. (Org.). *Managing learning*. Londres: Routledge, 1994. p. 57-69.

SPINK, P. Empregabilidade: comentários a partir do ensaio de Helena Hirata. In: CASALI, A. et. al. (Org.). *Empregabilidade e educação*: novos caminhos no mundo do trabalho. São Paulo: Editora da PUC, 1997. p. 51-57.

STEWART, T. A. *Capital intelectual*: a nova vantagem competitiva de empresas. Rio de Janeiro: Campus, 1998.

TANGUY, L. Competências e integração social na empresa. In: ROPÉ, F.; TANGUY, L. (Org.). *Saberes e competências*: o uso de tais noções na escola e na empresa. Campinas: Papirus, 1997. p. 167-200.

TAYLOR, F. W. *Princípios de administração científica*. São Paulo, Atlas, 1970.

TAYLOR, S.; BEECHLER, S.; NAPIER, N. Toward an integrative model of strategic international human resource management. *The Academy of Management Review*, v. 21, nº 4, p. 959-985, Oct. 1996.

TILLES, S. *Como avaliar a estratégia das empresas*. Rio de Janeiro: COPPEAD/UFRJ. Mimeo. Tradução de How to evaluate a corporate strategy, *Harvard Business Review*, 1997.

WHIGHT, R.; VAN, W. G.; BOUTY, I. Les principes du management des ressources fondées sur le savoir. *Revue Française de Gestion*, nº 105, p. 70-75, Sept./Oct. 1995.

ZARIFIAN, P. A gestão da e pela competência. In: SEMINÁRIO EDUCAÇÃO PROFISSIONAL, TRABALHO E COMPETÊNCIAS. Rio de Janeiro: Centro Internacional para a Educação, Trabalho e Transferência de Tecnologia, 1996. Mimeo.

_____. *Objectif compétence*: pour une nouvelle logique. Paris: Editions Liaisons, 1999.

4

RESISTÊNCIA À MUDANÇA*

José Mauro da Costa Hernandez
Miguel P. Caldas

Introdução

A mudança organizacional tornou-se uma das principais atividades para empresas e instituições em todo o mundo. Embora as organizações costumassem mudar esporadicamente, quando necessidades reais e urgentes assim o exigiam, hoje elas tendem a provocar sua transformação incessantemente. Organizações mudam para fazer face à crescente competitividade, cumprir novas leis ou regulamentações, introduzir novas tecnologias ou atender a variações nas preferências de consumidores ou de parceiros. Ainda que tanta prática já devesse ter levado à perfeição, a verdade é que a maioria das organizações ainda luta para conduzir transformações de forma efetiva.

Se os processos de mudanças não têm sido completos fracassos, também é verdade que poucos têm sido sucessos estrondosos (Kotter, 1995); a grande maioria situa-se entre dois extremos, e as conseqüências são visíveis:

---

* Versões preliminares deste artigo foram apresentadas no Enanpad 2000 (área de Recursos Humanos) e na reunião anual de 2000 da Academy of Management (MC Division/ODC Division). Artigo publicado originalmente na *RAE – Revista de Administração de Empresas*, São Paulo, v. 41, nº 2, p. 31-45, abr./jun. 2001.

perda de tempo, energia e dinheiro, danos à motivação de gerentes e empregados etc.

Tanto a literatura acadêmica quanto a gerencial tendem a apontar a **resistência à mudança** – isto é, qualquer conduta que objetiva manter o *status quo* em face da pressão para modificá-lo (Zaltman e Duncan, 1977) – como uma das principais barreiras à mudança bem-sucedida (Kurtz e Duncan, 1998; Coghlan, 1993). Entretanto, o único resultado concreto tem sido a proposição de inúmeras "receitas" para se superar a resistência, freqüentemente empoeirando nas estantes de executivos e – com um pouco menos de intensidade – na de acadêmicos.

De fato, parece não haver escassez de "receitas" no mercado dirigidas a tratar e superar a resistência à mudança (para uma revisão, ver Kotter e Schlesinger, 1979). Rotuladas sob o nome de "estratégias", geralmente preconizam – sem grande variação de uma para outra ou ao longo do tempo – listas de cinco a dez regras "para viagem", desenhadas para superar comportamentos resistentes adotados por empregados descontentes que podem impedir ou ameaçar o esforço de transformação. A consistência em conteúdo e discurso de todas essas abordagens de receituários é tão significativa que pode levar-nos a uma conclusão perigosa: a de que tal consistência seja evidência de um fenômeno bem estudado e cuidadosamente mapeado. Em outras palavras, podemos ser tentados a pensar que sabemos tudo a seu respeito ou que, se **nós** pessoalmente não sabemos tudo sobre resistência, **alguém há de saber**.

No entanto, uma pergunta permanece: **se sabemos tanto** (sobre como preveni-la ou superá-la), **por que a resistência à mudança ainda é considerada uma das principais barreiras à transformação organizacional bem-sucedida?**

A resposta mais provável é que, do ponto de vista científico e a despeito de todas as "receitas", nós, **na verdade**, **não sabemos muita coisa** sobre o que é a resistência à mudança, suas causas, quando é mais provável que aconteça, o efeito que pode (ou não) produzir em esforços de transformação ou os métodos que podem existir para lidar com ela.

Após ter sido, por tanto anos, vastamente analisada e comentada em pesquisas acadêmicas, estudos recentes sugerem que ainda há muito a ser feito para entendermos apropriadamente o fenômeno da resistência à mudança (Dent e Goldberg, 1999; Coghlan, 1993; Agócs, 1997). O presente texto procura contribuir para a compreensão desse fenômeno ao introduzir uma abordagem **individual** – em vez da abordagem **massificada**, atualmente predominante – da resistência à mudança. Temos notado que, antes de iniciar esforços de mudança, poucos agentes de mudança ou consultores avaliam meticulosamente **quem** poderia resistir à iniciativa de transformação específica e **por quais** motivos. Levando em conta a diversidade de comportamentos que os indivíduos podem assumir, uma avaliação precisa pode não ser intuitiva nem óbvia.

Uma das principais causas da ausência desse tipo de avaliação é a adoção de uma série de pressupostos (sem maior sustentação) sobre a resistência à mudança que sobrevive na maioria dos receituários mais difundidos na literatura gerencial – e, às vezes, acadêmica – sobre o assunto. Este texto revê tais pressupostos e, baseado, por um lado, em contrapressupostos e, por outro, na Psicologia da Percepção, deriva um **Modelo de Resistências Individuais à Mudança**, usando o indivíduo como nível de análise. A hipótese básica do modelo é que a resistência à mudança é **um dos** possíveis comportamentos que **indivíduos** podem adotar como resultante da **sua** percepção sobre a mudança.

O artigo está estruturado da seguinte forma: a segunda seção apresenta um breve sumário sobre como a resistência à mudança tem sido comumente descrita na literatura gerencial, concentrando-se particularmente em seus pressupostos tácitos e derivando contrapressupostos sobre o fenômeno de resistência à mudança; a terceira propõe, com base nos contrapressupostos, um Modelo de Resistência Individual à Mudança; a quarta seção discute as implicações teóricas e práticas do estudo para intervenções de mudança organizacional; e a seção final sumariza o capítulo e aponta direções para futuras pesquisas.

"Resistência à Mudança" em Análise Organizacional

Fundamentos conceituais da idéia de "resistência à mudança"

A expressão *resistência à mudança* geralmente é creditada a Kurt Lewin (1947). Para ele, as organizações poderiam ser consideradas processos em equilíbrio quase-estacionário, ou seja, a organização seria um sistema sujeito a um conjunto de forças opostas, mas de mesma intensidade, que mantêm o sistema em equilíbrio ao longo do tempo. Esses processos não estariam em equilíbrio constante, porém mostrariam flutuações ao redor de determinado nível. As mudanças ocorreriam quando uma das forças superasse a outra em intensidade, deslocando o equilíbrio para um novo patamar. Assim, a resistência à mudança seria o resultado da tendência de um indivíduo ou de um grupo a opor-se às forças sociais que objetivam conduzir o sistema para um novo patamar de equilíbrio (Lewin, 1947, 1951).

Lewin acreditava que tanto o indivíduo quanto o grupo poderiam ser considerados "pontos de aplicação" das forças sociais. Segundo ele, o padrão de comportamento do indivíduo poderia ser diferente do padrão de comportamento do grupo ao qual ele pertence, e essa diferença seria permitida ou encorajada em culturas diferentes e em graus diferentes. De forma geral, no entanto, o grupo tenderia a exigir a uniformidade de comportamento de seus elementos e, quando o indivíduo mostrasse um padrão de comportamento diferente do padrão de comportamento do grupo, ele correria o risco de ser ridicularizado ou até mesmo excluído do grupo. No modelo original de Lewin, a resistência individual poderia ser diferente da resistência grupal, dependendo do valor social dado aos padrões de comportamento no grupo.

Em 1948, Coch e French Jr. publicaram o primeiro estudo empírico sobre "resistência à mudança" no campo organizacional. Esse estudo influenciou grande parte da literatura que se seguiu (Burke, 1987). O tema continuou a despertar interesse principalmente nas décadas de 50 e 60 (Zander, 1950; Lawrence, 1954; Watson, 1969, 1971), e podemos afirmar que essa foi a época mais fértil da discussão sobre o assunto. Nas duas décadas que se seguiram, o tema foi vastamente (não necessariamente de forma apropriada) reproduzido na mídia gerencial, em geral, pelas mesmas linhas traçadas pelo estudo de Coch e French Jr. Depois do relativo silêncio das décadas de 70 e 80, apenas recentemente a questão da resistência à mudança tem sido estudada novamente como um objeto de pesquisa científica (para uma revisão, ver, por exemplo, Dent e Goldberg, 1999).

"Resistência à mudança" hoje

Quando se revisa a literatura acadêmica sobre mudança organizacional, dois aspectos parecem bem claros. Primeiro, parece que registramos como uma verdade universal as proposições clássicas – frouxamente modeladas e praticamente não testadas – que foram rascunhadas no final da década de 40 e difundidas como bom-senso gerencial nas décadas que seguiram; segundo, aprendemos, por algum motivo, a considerar a resistência à mudança como um fenômeno natural (Kurtz e Duncam, 1998; Coghlan, 1993) e inevitável, pronto a surgir durante a implementação de mudanças ou inovações em organizações.

Por exemplo, a resistência à mudança foi citada como um dos fatores que prejudicaram processos de implantação da Gerência de Qualidade Total

(Liu, 1998; Braver, 1995; Miller e Cangemi, 1993), TQI (*Total Quality Improvement*) (Holpp, 1989) e Reengenharia (Boyle, 1995). A resistência também foi considerada uma barreira em processos de automação e adoção de computadores no ambiente de trabalho (La Plante, 1991; Joshi, 1991; Poe e Viator, 1990) e em processos de mudança organizacional (Hazan, 1998; Kurtz e Duncan, 1998).

Ao lado da popularização da noção de resistência à mudança como uma das principais barreiras na implantação de processos de mudanças e inovações, foram disseminadas inúmeras "receitas" de como superá-la tanto pela mídia gerencial quanto pela literatura acadêmica. Embora utilizem diferentes terminologias, diversos autores têm sugerido várias estratégias genéricas para lidar-se com a resistência às mudanças (Iskatt e Liebowitz, 1996; Boyle, 1995; Poe e Viator, 1990). De uma forma ou de outra, todas essas receitas podem ser resumidas nas seis estratégias genéricas apontadas por Kotter e Schlesinger (1979) para se superar a resistência à mudança: (a) educação e comunicação; (b) participação e envolvimento; (c) facilitação e suporte; (d) negociação e acordo; (e) manipulação e cooperação; e (f) coerção explícita e/ou implícita.

Uma crítica aos modelos correntes de "resistência à mudança" e a seus pressupostos

Já argumentamos neste estudo que, não obstante a abundância de "receitas" para lidar com a resistência à mudança sugeridas pela literatura gerencial e acadêmica, elas ainda falham em prevenir a ocorrência de resistência e tampouco têm obtido sucesso expressivo em superá-la. Também sugerimos que isso pode dever-se ao fato de que tal literatura está baseada em (a) teorias que foram elaboradas no final dos anos 40 e que foram pouco modeladas ou testadas desde então e (b) alguns pressupostos tácitos (embutidos ou derivados dessas teorias) que deveriam ser cuidadosamente revistos.

Obviamente, conjuntos distintos de pressupostos teriam gerado diferente teorias, e, como é bem sabido, para todo pressuposto, podemos inferir (por oposição) um ou mais contrapressupostos. Acreditamos que é possível propor um modelo de resistência individual à mudança com base na crítica dos modelos tradicionais sobre o assunto, na revisão de seus discutíveis pressupostos e na proposição de contrapressupostos que deles podemos inferir (ver Quadro 1). No restante dessa subseção, iremos propor contrapressupostos que podem ser utilizados para desenhar novas teorias e modelos, dentro e além das fronteiras deste estudo.

Pressuposto nº 1: A resistência à mudança é um "fato da vida" e algo que inexoravelmente irá ocorrer durante processos de transformação

O primeiro pressuposto – e provavelmente o menos questionado – nos modelos predominantes de resistência à mudança é o de que a resistência é um "fenômeno natural" (Zander, 1950; Coghlan, 1993) e, por conseguinte, há de ocorrer durante a implantação de toda transformação ou inovação. No entanto, em anos recentes, esse pressuposto tem sido posto em dúvida. Em primeiro lugar, essa premissa tem sido questionada por estudos em mudança organizacional que têm indicado que a resistência não é um fenômeno tão freqüente quanto se possa imaginar (Kotter, 1995). Mediante o estudo de mais de uma centena de organizações de diferentes tamanhos e nacionalidades ao longo de uma década, Kotter descobriu que a resistência era rara e que os empregados freqüentemente entendiam a nova visão e queriam contribuir para seu alcance. De acordo com ele, quando a resistência acontece, ela reside comumente na mente do indivíduo e, quando tais impedimentos de fato existem, o obstáculo pode estar na estrutura organizacional, em um sistema de recompensa baseado em desempenho que força as pessoas a escolherem entre a nova visão e seus próprios interesses ou – até pior – em gerentes que se recusam a mudar e que demandam de seus subordinados coisas que são totalmente incompatíveis com todo o esforço de mudança. Esses resultados levam-nos a formular o seguinte contrapressuposto:

Contrapressuposto nº 1a: A resistência à mudança é rara e deverá ocorrer somente na presença de circunstâncias excepcionais.

Em segundo lugar, esse pressuposto foi também questionado por argumentos como o apresentado por Dent e Goldberg (1999), que sugeriram que os agentes da mudança (gerentes, consultores etc.), ao considerarem a resistência à mudança como um fenômeno natural e que deve ser superado, incluirão tal circunstância em seu planejamento e criarão formas de minimizá-la. Assim, serão tentados a disfarçá-la ou escondê-la ou, ainda, a tomar todas as iniciativas para superá-la. Agindo dessa maneira, de acordo com Dent e Goldberg, os agentes da mudança acabam provocando o desastre: as mesmas ferramentas que deveriam servir para evitar a resistência ou pelo menos reduzir seus efeitos acabam contribuindo, irremediavelmente, para seu aparecimento. Desse modo, a resistência passa, até certo ponto, a ser uma espécie de profecia auto-realizadora, levando ao segundo contrapressuposto:

Contrapressuposto nº 1b: Ao procurar evitar ou prevenir a resistência, os agentes da mudança acabam contribuindo para sua ocorrência ou agravamento.

E, em terceiro lugar, esse pressuposto tem sido questionado por teóricos e estudos que discutem o poder nas organizações (Burke, 1987; Agócs, 1997) e que têm defendido que, ao serem manipulados por agendas gerencialistas, os modelos predominantes podem ter sido usados como desculpa ou disfarce pelos detentores de poder e/ou pelos agentes de mudança, em prol de seus próprios interesses, durante processos de transformação.

Contrapressuposto nº 1c: A resistência é um comportamento definido pelos detentores de poder quando são desafiados em seus privilégios ou posições.

Nesse sentido, a resistência à mudança poderia ser interpretada não como um fato de vida organizacional, mas como um padrão de comportamento adotado pelos detentores de poder ou pelos agentes de mudança quando desafiados em sua autoridade, privilégios ou *status quo* (Agócs, 1997; Smith, 1982).

Pressuposto nº 2: A resistência à mudança é nociva à organização

A literatura gerencial também tende a enfatizar o lado negativo da resistência: ela é freqüentemente apontada como uma das maiores barreiras a processos bem-sucedidos de transformação organizacional, bem como à introdução de inovações na empresa moderna (para uma revisão desse tipo de afirmação, ver Dent e Goldberg, 1999). Por conseguinte, a resistência passou a ser considerada um fenômeno a ser obstruído ou superado assim que emergir. Entretanto, esse pressuposto claramente desconsidera que a resistência à mudança pode, de fato, constituir um fenômeno saudável e positivo. Conceitualmente, a resistência será um fenômeno salutar quando a mudança, de um ponto de vista relativamente objetivo, trouxer prejuízos ao ambiente, ainda que esse não seja o objetivo do agente da mudança (Zaltman e Duncan, 1977). Assim, a resistência à mudança será salutar quando pressionar os agentes da mudança a serem mais cuidadosos ou a modificarem a natureza da mudança a fim de torná-la mais compatível com o ambiente ou mesmo quando os indivíduos resistirem às situações opressivas (Agócs, 1997). Tudo isso nos leva ao seguinte contrapressuposto:

Contrapressuposto nº 2a: A resistência é um fenômeno menos saudável e positivo.

Também não podemos ser ingênuos a ponto de afirmar que o agente da mudança sempre tem razão. Ainda que a resistência à mudança tenha sido considerada o principal fator responsável pelos fracassos em diversos processos de implantação de reengenharia, TQM, automação, *downsizing* e até mesmo na introdução de novos produtos, parece-nos que essa afirmação (do caráter maligno da resistência) pode visar muito mais proteger a decisão daqueles que se dispuseram a aplicar o remédio certo para o doente errado do que fazer uma real avaliação das razões do fracasso.

Contrapressuposto nº 2b: A resistência é utilizada como uma desculpa para justificar processos de mudança mal desenhados ou malsucedidos.

Pressuposto nº 3: Os seres humanos são naturalmente resistentes a mudanças

O terceiro pressuposto presente em modelos predominantes de resistência à mudança é o que sugere que a resistência é de alguma forma inata à natureza humana. A "lógica" desse pressuposto é a seguinte: a mudança é uma ameaça a um equilíbrio preexistente e, portanto, provocaria incerteza. Assim, os indivíduos "naturalmente" resistiriam à ameaça por meio da adoção de comportamentos resistentes, da mesma forma que o corpo reage a intrusos produzindo defesas naturais. Não obstante, há evidências em contrário. Watson (1969), por exemplo, argumentou que a concepção de que os organismos são naturalmente complacentes a menos que tenham sido perturbados por estímulos intrusivos teve de ser revista em função de evidências contraditórias, que mostram que os seres humanos **anseiam** por estímulo. Para corroborar sua hipótese, o autor cita W. I. Thomas, segundo o qual o "**desejo por novas experiências**" é um dos quatro mais básicos desejos do comportamento do ser humano. Watson também menciona dois estudos clássicos que mostraram que esse desejo por novas experiências é uma parte fundamental da maioria dos seres vivos, inclusive humanos. Derivamos, assim, o seguinte contra-pressuposto:

Contrapressuposto nº 3a: Seres humanos anseiam por mudança, e tal necessidade comumente sobrepõe-se ao medo do desconhecido.

Pressuposto nº 4: Os empregados são os atores organizacionais que têm maior probabilidade de resistirem à mudança

O conceito de resistência à mudança na literatura gerencial também tende a assumir que o papel do gerente ou do agente de mudança é introduzir ou implementar a mudança, enquanto o papel dos empregados é resistir a tal mudança. Dent e Goldberg (1999) lembram-nos de que esse pressuposto é bastante distinto do conceito original de resistência à mudança introduzido por Kurt Lewin nos anos 40. Como já mencionamos, para Kurt Lewin, a resistência à mudança é um fenômeno sistêmico e, dessa forma, poderia ocorrer tanto com empregados quanto com gerentes. Isso nos leva ao seguinte:

Contrapressuposto nº 4a (derivado da proposição original de Kurt Lewin): A resistência à mudança é um comportamento que pode ser exibido tanto por gerentes quanto por empregados.

A despeito do conceito original, a difusão da versão gerencialista da teoria de resistência à mudança parece ter creditado a resistência exclusivamente a empregados, em geral, considerados os culpados pelo fracasso na implementação das mudanças. Mais uma vez, o estudo de Coch e French Jr. (1948) – que afirmava que eram os indivíduos menos qualificados e de menor escalão que tenderiam a resistir a mudanças introduzidas por seus superiores – pode ter originado um mito gerencial que foi tomado como verdade inquestionável ao longo dos anos. Conseqüentemente, a questão da mudança passou a ser tratada como uma batalha a ser travada entre empregados e gerentes ou seus consultores. Outros autores têm recentemente se juntado à crítica a esse pressuposto de que "a culpa é dos funcionários". Spreitzer e Quinn (1996), por exemplo, mostraram que gerentes de nível médio de uma organização que passava por processo de mudança culpavam seus superiores hierárquicos por resistir ao esforço de mudança.

Pressuposto nº 5: A resistência à mudança é um fenômeno massificado

Por fim, o último grande pressuposto nos modelos predominantes de resistência à mudança é o de que os indivíduos resistem homogeneamente. De fato, na maioria das vezes, relatos gerenciais sobre o assunto desconsideram diferenças individuais: as pessoas em organizações são representadas como um corpo homogêneo que demonstra ou que supera a resistência como um agregado. No entanto, para Watson (1969) e outros autores, a resistência não é uniforme e varia de indivíduo para indivíduo de acordo com a fase do processo de mudança. Isso nos levaria ao último contrapressuposto:

Contrapressuposto nº 5a: A resistência é tanto um fenômeno individual como grupal – a resistência vai variar de um indivíduo para outro em função de fatores pessoais e situacionais.

O princípio aqui é que a realidade para um indivíduo pode ser entendida não somente como um fenômeno social e sociopsicológico (Tajfel, 1982; Goffman, 1968), mas também (e em grande extensão) como uma **experiência pessoal**, isto é, para um ser humano, a realidade é, em grande medida, aquilo que ele (a) **percebe como real**.

Neste texto, defendemos que não é possível derivar um modelo completo sobre a resistência à mudança apenas com base nesses pressupostos questionáveis. Se a resistência é ainda vista como uma grande barreira à mudança, isso ocorre justamente **porque** o modelo predominante é inadequado para captar sua complexidade e, conseqüentemente, incapaz de ajudar o desenvolvimento de estratégias coerentes para se prevenir ou se lidar com a resistência.

Com a crítica a esses pressupostos clássicos, várias possibilidades para pesquisa abrem-se aos interessados em colaborar na construção de um modelo abrangente de resistência à mudança. Na seção seguinte, procuraremos contribuir para tal esforço, propondo um Modelo de Resistência Individual à Mudança, usando, por um lado, a Psicologia da Percepção e, por outro, os contrapressupostos antes apresentados.

Em Busca de um Modelo de Resistência Individual à Mudança

Nesta seção, apresentamos a proposta de um novo modelo de resistência às mudanças orientado para o **indivíduo**, em contraposição ao modelo massificante hoje em vigor. Inicialmente, discutiremos o processo de percepção, base do modelo escolhido a ser apresentado neste artigo e, em seguida, apresentaremos os vários elementos e estágios do modelo proposto.

A dinâmica da percepção: um caminho para entender a resistência individual à mudança?

Mencionamos, na seção anterior, que os modelos prevalecentes de resistência à mudança tendem a considerar que os indivíduos resistem de forma homogênea. Essa hipótese desconsidera o fato de que, na maior parte das vezes, os indivíduos percebem os objetos e os acontecimentos de forma pessoal e distinta e, assim, seria de esperar que suas reações individuais seguissem o mesmo padrão. Para os que acreditam em resistência uniforme à mudança, os indivíduos teriam a tendência a adotar comportamentos resistentes similares como resposta às mudanças.

Entretanto, essa noção de resistência uniforme não é compatível com o conceito amplamente aceito de que a realidade também deve ser entendida como um fenômeno pessoal, baseado nas necessidades, desejos, valores e experiências individuais. Assim, a realidade para cada indivíduo corresponderia a sua percepção individual do que existe ou acontece a seu redor, e, conseqüentemente, suas ações e reações estariam baseadas na realidade percebida, e não, necessariamente, na realidade objetiva dos fatos e acontecimentos.

De acordo com nosso ponto de vista, os modelos predominantes de resistência deveriam ser complementados ou totalmente substituídos por novos modelos e teorias. Sugerimos que um desses modelos poderia concentrar-se nas percepções individuais da mudança. Tal modelo também deveria representar, adequadamente, os fatores que podem despertar ou inibir a adoção individual de comportamentos resistentes. Estamos convencidos de que esse modelo, além de estar de acordo, seria uma extensão natural dos conceitos originalmente propostos por Lewin, segundo o qual o indivíduo é um dos "pontos de aplicação" das forças sociais e, portanto, um dos atores sociais que poderia exibir padrões de comportamento resistente. E é nesse ponto que a percepção individual entra em cena.

Percepção foi definida como o processo pelo qual um indivíduo seleciona, organiza e interpreta os estímulos com o objetivo de formar representações significativas e coerentes da realidade (Schiffman e Kanuk, 1991).

Teoricamente, o primeiro estágio do processo de percepção consiste na seleção dos estímulos. A idéia é a de que os indivíduos tendem a buscar as mensagens de forma seletiva, isto é, eles buscam as mensagens que tenham um conteúdo agradável e rejeitam aquelas com conteúdo ameaçador. Pelas mesmas razões, os indivíduos tenderiam a prestar mais atenção às informações que preenchem suas necessidades e desprezar ou até mesmo bloquear sua percepção de informações consideradas irrelevantes. É o processo de seleção de estímulos que explicaria por que um indivíduo pode não perceber que o *status quo* pode ser inadequado (Watson, 1971), ou que um indivíduo pode não ser capaz de "ver" problemas que deveriam ser resolvidos ou, mesmo após a identificação do problema, que pode não ser capaz de "enxergar" as possíveis soluções (Zaltman e Duncan, 1977). Experimentos clássicos nessa área do conhecimento realizados com o objetivo de provocar mudanças nas atitudes dos indivíduos revelaram que estes podem não ouvir claramente, não se lembrar ou mesmo distorcer informações quando não concordam com seu conteúdo cognitivo (Levine e Murphy, 1943).

Quadro 1   Pressupostos clássicos sobre resistência à mudança e possíveis contrapressupostos.

Pressupostos	Contrapressupostos
• A resistência à mudança é um "fato da vida" e de acontecer durante qualquer intervenção organizacional.	• A resistência é escassa/somente acontecerá em circunstâncias excepcionais. • Ao tentar preveni-la, os agentes de mudança acabam contribuindo para sua ocorrência ou agravamento. • A resistência é um comportamento alardeado pelos detentores de poder e pelos agentes de mudança quando são desafiados em seus privilégios ou ações.
• A resistência à mudança é maléfica aos esforços de mudança organizacional.	• A resistência é um fenômeno saudável e contributivo. • A resistência é usada como uma desculpa para processos de mudança fracassados ou inadequadamente desenhados.
• Os seres humanos são naturalmente resistentes à mudança.	• Os seres humanos resistem à perda, mas desejam a mudança: tal necessidade tipicamente se sobrepõe ao medo do desconhecido.
• Os empregados são os atores organizacionais com maior probabilidade de resistir à mudança.	• A resistência – quando ocorre – pode acontecer entre os gestores, agentes de mudança e empregados (derivados da proposição original de Lewin).
• A resistência à mudança é um fenômeno grupal/coletivo.	• A resistência é tanto individual quanto coletiva – a resistência vai variar de uma pessoa para outra, em função de muitos fatores situacionais e de percepção.

O segundo estágio da dinâmica da percepção corresponde à organização dos estímulos. A crença é a de que os indivíduos organizam, regularmente, os estímulos em categorias que são recuperadas como um todo, uma vez que, se cada indivíduo percebesse cada estímulo como único, ele não poderia lembrar-se de mais do que uma mínima fração do que geralmente percebe (Smith e Medin, 1981). Obviamente, diferentes indivíduos costumam organizar os estímulos de diferentes formas, e esse fato também é bastante relevante para se compreender as situações de mudança organizacional. Por exemplo, Zaltman e Duncan (1977) descrevem dois casos em que os agentes da mudança e seus clientes concordavam sobre a natureza do problema, mas não compartilhavam a mesma percepção sobre como o problema deveria ser resolvido.

O terceiro e último estágio, a interpretação perceptual, também tem uma natureza individual, uma vez que depende das expectativas dos indivíduos originadas de suas experiências anteriores, do número de interpretações possíveis que eles podem antever e de seus interesses no momento da percepção (Schiffman e Kanuk, 1991).

O processo de percepção também depende da quantidade e da qualidade dos estímulos interiores e exteriores. Os estímulos exteriores são proporcionados pelo ambiente e detectados pelos sentidos. Como os indivíduos estão constantemente expostos a uma grande quantidade de estímulos provenientes do ambiente, eles acabam por desenvolver mecanismos de defesa para não ficarem completamente desorientados. Esse mecanismo de defesa é representado pelos estímulos interiores, que emergem na forma de predisposições, tais como expectativas, motivos e lições aprendidas, todas baseadas em experiências anteriores. A combinação desses dois tipos de estímulos, interiores e exteriores, proporciona aos indivíduos representações distintas e individuais da realidade.

Quando aplicada ao estudo da resistência às mudanças organizacionais, essa linha de pensamento é bastante útil para entendermos por que, dados dois indivíduos, na presença das mesmas condições de mudanças, cada um deles terá percepções bastante distintas. Embora possam compartilhar da mesma realidade objetiva, duas pessoas nunca terão compartilhado as mesma experiências, desejos, necessidades e expectativas.

O modelo de resistência individual à mudança

A tentativa de explicar a resistência às mudanças ou inovações por meio de processo de percepção não é nova. Bagozzi e Lee (1999), baseados na Psicologia da Ação, propuseram um modelo analítico que pretende explicar a resistência e aceitação dos consumidores às inovações introduzidas por fabricantes de produtos de consumo. Considerando que a resistência às inovações é um caso especial de resistência às mudanças, como os autores afirmam, iremos adaptar e complementar seu modelo para ilustrar o processo de percepção de mudanças e inovação organizacionais.

Nosso modelo amplia e complementa o modelo de Bagozzi e Lee em pelo menos duas dimensões críticas. Em primeiro lugar, utilizando-nos de referências recentes da teoria da percepção, principalmente as originadas no estudo da Teoria da Categorização (por exemplo, Hartman et al., 1990), adicionamos um estágio inicial de processamento de informações. Em segundo lugar, incluímos também o efeito moderador das variáveis individuais e situacionais ao modelo (apesar de Bagozzi e Lee terem reconhecido a importância do efeito das variáveis individuais sobre o processo de aceitação e resistência dos consumidores às inovações, eles não as incluíram explicitamente em seu modelo, preferindo concentrar-se nos estágios de processamento das informações).

Em nossa opinião, as variáveis individuais e situacionais são tão ou mais importantes que o processo de percepção em si mesmo, uma vez que, em condições de mudança organizacional, essas variáveis moderam **todos** os estágios do processo de percepção da mudança, influenciando a maneira como cada indivíduo cria sua própria representação da realidade.

De forma geral, nosso modelo de resistência individual às mudanças compreende uma série de sete estágios que podem resultar em quatro tipos diferentes de resultados: (a) adoção espontânea da mudança; (b) decisão para se superar a resistência à mudança; (c) adoção de um comportamento resistente; (d) indecisão. No restante desta seção, discutiremos brevemente cada um dos estágios do modelo individual de resistência (ver Figura 1). Vamos concentrar-nos, particularmente, no papel das variáveis individuais e situacionais, tentando ilustrar a discussão com resultados de estudos que analisaram a relevância desse fatores em processos de mudanças organizacionais (para mais detalhes sobre cada um dos estágios, veja Bagozzi e Lee (1999) e Hartman et al. (1990).

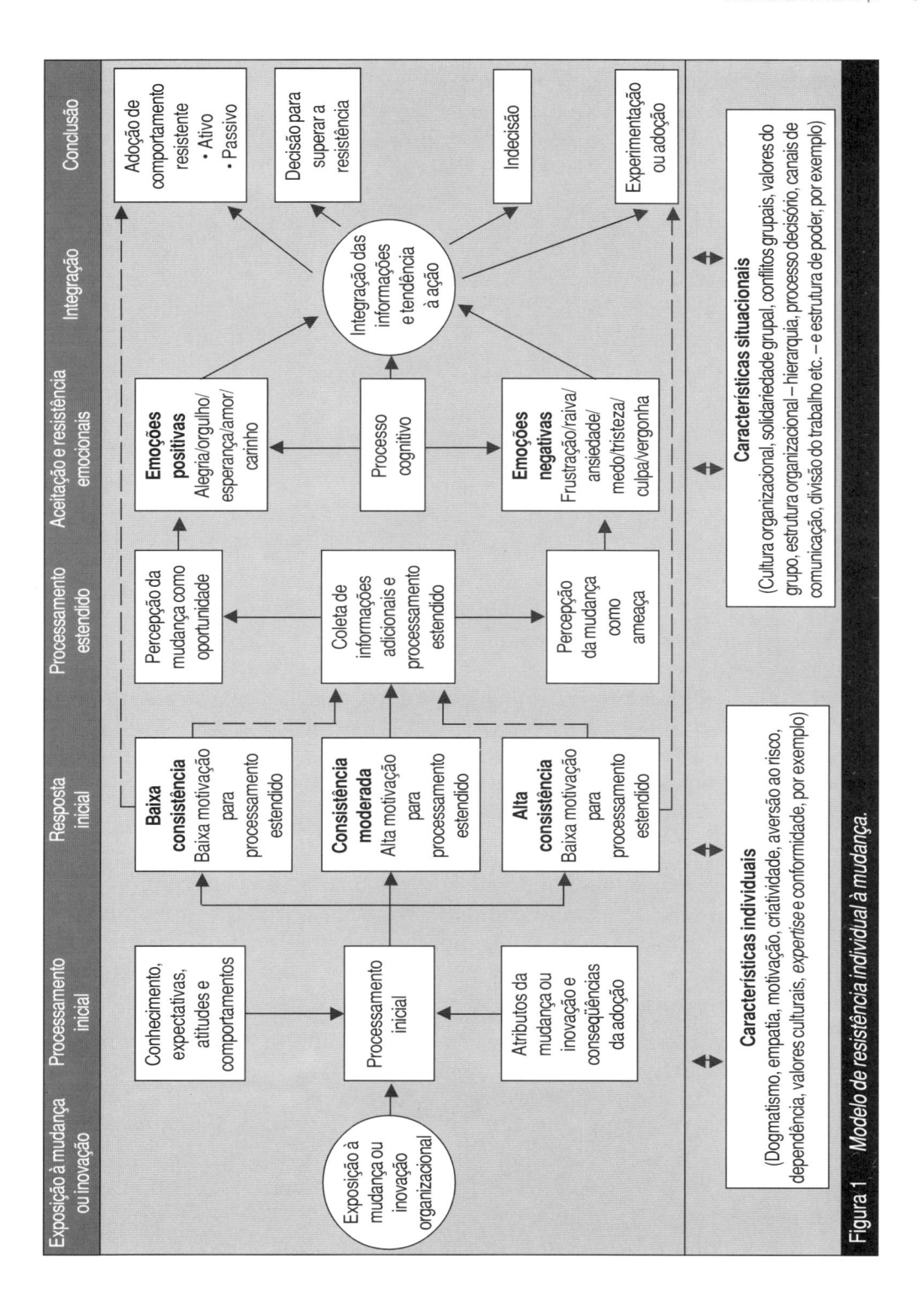

Figura 1 *Modelo de resistência individual à mudança.*

Estágios

O primeiro estágio (1. Exposição à mudança ou inovação) é caracterizado pelo contato inicial do indivíduo com a intenção da mudança ou com informações sobre ela. Tais intenções ou informações podem ser transmitidas pelos agentes da mudança por intermédio dos canais formais e informais da organização ("radiocorredor"). Estudos anteriores (por exemplo, Greenhalgh e Rosenblatt, 1984) concentraram-se na importância desse estágio na percepção das mudanças e em seus resultados como a insegurança no trabalho e a adoção de comportamentos resistentes. A natureza desses estímulos freqüentemente é ambígua, uma vez que eles dependem não apenas das condições objetivas do ambiente, mas também da relação existente entre o indivíduo e seu ambiente. Por esses motivos, é razoável supor que os mesmos estímulos serão percebidos de formas distintas por indivíduos diferentes compartilhando o mesmo ambiente organizacional, dando espaço à formação de diversas interpretações.

Uma vez estimulado interior ou exteriormente, durante o segundo estágio (2. Processamento inicial), o indivíduo irá comparar os atributos percebidos da mudança com as conseqüências previstas e com suas expectativas, atitudes e comportamentos adotados no passado. O resultado desse processo de comparação é crítico para determinar se, no próximo estágio (3. Resposta inicial), o indivíduo apresentará uma aceitação inicial ou uma rejeição inicial, que, por sua vez, pode ter natureza ativa ou passiva. Três são os resultados possíveis desse processo: percepção de baixa consistência, moderada consistência ou alta consistência.

O indivíduo irá exibir rejeição inicial em situação de **baixa consistência**, isto é, quando os atributos da mudança proposta e as conseqüências previstas de sua adoção não puderem ser conciliados com seu conhecimento ou não fizerem sentido quando comparados a suas atitudes e comportamentos adotados no passado. Nessa situação, é provável que ele não se sinta estimulado a continuar a avaliação da proposta de mudança, decidindo-se por rejeitá-la. Essa rejeição inicial pode ter natureza **ativa** ou **passiva**.

Várias razões justificam a adoção de um comportamento inicial de rejeição de natureza **ativa**. Por exemplo, Maurer (1997) indicou a inclinação que as pessoas têm a resistir às idéias que elas acreditem que possam causar-lhes algum mal; Abbasi e Holman (1993) propõem que as pessoas são avessas ao risco e tenderão a rejeitar mesmo as alternativas consideradas aceitáveis ou atrativas; Kotter e Schlesinger (1979) enumeraram quatro razões típicas para as pessoas resistirem à mudança nesse estágio: (a) desejo de não perder algo considerado valioso; (b) incompreensão sobre as razões da mudança e suas implicações; (c) crença de que a mudança não faz sentido para a organização; (d) baixa tolerância à mudança.

Uma das causas mais comuns para a ocorrência da rejeição inicial de natureza passiva é o hábito (Watson, 1969), ou seja, a tendência que os indivíduos têm a responder aos estímulos da mesma forma como sempre o fizeram. O segundo fator que pode levar à rejeição passiva da mudança é a persistência na manutenção de comportamentos anteriores, isto é, a forma como um indivíduo lidou com um problema pela primeira vez pode estabelecer um padrão de comportamento no futuro (Watson, 1969).

Quando a resistência tem uma natureza **ativa**, o indivíduo tentará de todas as formas possíveis evitar que a organização mude ou inove, podendo adotar, como conseqüência, diferentes comportamentos: protesto, sabotagem ou enfrentamento. O comportamento do indivíduo que tem uma rejeição inicial **passiva**, por sua vez, é diferente: ele pode simplesmente decidir por ignorar as mudanças ou agir como se nada tivesse acontecido.

O segundo resultado possível desse estágio é a percepção de **alta consistência**: esse tipo de resposta ocorre quando o indivíduo rapidamente conclui, após o processamento inicial, que os atributos da mudança e suas conseqüências são aceitáveis ou fazem sentido. Nesse caso, o indivíduo vai-se mostrar disposto a aceitar a mudança ou inovação prontamente e não sentirá a necessidade de aprofundar a avaliação de sua proposta.

Por fim, o terceiro resultado possível desse estágio, a **consistência moderada**, ocorre quando o indivíduo percebe que os atributos da mudança e suas conseqüências são parcialmente aceitáveis. Esse é o caso mais freqüente, no qual o indivíduo vai-se sentir estimulado a buscar novas informações sobre a mudança proposta, iniciando-se, assim, o estágio de processamento estendido. O modelo prevê explicitamente que, ainda que o indivíduo tenha percebido haver **alta** ou **baixa** consistência durante o estágio inicial, ele pode entrar na fase de processamento estendido, influenciado pelas variáveis individuais (Childers et al., 1985) ou situacionais (Belk, 1975). Estudos anteriores mostraram que pessoas podem ser influenciadas a estender sua avaliação do processo de mudança, a despeito de sua propensão inicial em contrário, em função de fatores como envolvimento (Hartman et al., 1990), aversão ao risco (Zaltman e Duncan, 1977), dogmatismo (Rogers e Shoemaker, 1971) e insegurança (Watson, 1969).

Durante o quarto estágio do processo (4. Processamento estendido), o indivíduo irá avaliar, mais cuidadosamente, os atributos da mudança proposta, tentando reconciliar as inconsistências encontradas entre esses atributos e seu conhecimento com o objetivo de diminuir sua dissonância.

Naturalmente, esse estágio tem um ciclo mais longo do que o estágio de processamento inicial, não apenas porque a busca de informações adicionais demora mais, mas também porque o processo cognitivo do indivíduo tende a ser mais lento. O resultado dessa avaliação é a percepção da mudança como oportunidade, ameaça, ou, em alguns casos, oportunidade e ameaça ao mesmo tempo.

No decorrer do próximo estágio (5. Aceitação e resistência emocionais), formam-se as emoções, estados mentais que surgem como resultados de comparações conscientes e inconscientes, geralmente de natureza automática, entre a situação real e a situação almejada. Caso a mudança proposta tenha sido percebida como oportunidade, as emoções resultantes são positivas e podem incluir amor, carinho, orgulho, paz etc. A resistência emocional, por sua vez, é o resultado da formação de emoções negativas, tais como medo, angústia, tristeza, raiva, culpa, vergonha etc. Sem dúvida alguma, o processo cognitivo individual influencia a formação dessas emoções e a adoção correspondente de comportamentos de resistência ou aceitação (Bagozzi e Lee, 1999).

Durante o sexto estágio (6. Integração) do modelo, o indivíduo tentará integrar todas as emoções e respostas cognitivas geradas no estágio anterior. Como resultado desse processo, durante o sétimo estágio (7. Conclusão), o modelo prevê que o indivíduo pode adotar quatro diferentes possibilidades de comportamentos: (a) resistência; (b) decisão de superar a resistência; (c) indecisão; (d) adoção (ou teste) da mudança.

A decisão de adotar a mudança ou ao menos testá-la parece clara. A decisão de superar a resistência, por sua vez, surgirá quando, apesar da propensão do indivíduo a resistir à mudança, ele não se sentir confortável com tal decisão, seja porque ele ache que o ímpeto para resistir se origina em medos irracionais, seja porque o grupo o está pressionando a manter a conformidade. O comportamento resistente aparecerá quando o indivíduo se sentir confortável com tal situação, a despeito de todos os estímulos interiores e exteriores para que ele aceite a mudança ou mesmo quando o grupo o pressiona a resistir. A indecisão surgirá quando o indivíduo não for capaz de integrar todas as informações e as respostas cognitivas e emocionais a que ele foi exposto, quando a decisão for muito complexa ou, ainda, quando a capacidade cognitiva individual for insuficiente para lidar com o conflito.

Naturalmente, o modelo tem uma natureza cíclica: em qualquer ponto durante o processo de percepção, o indivíduo pode ser confrontado com novos estímulos interiores e exteriores (por exemplo, novas informações, novas emoções, novas pressões do grupo etc.). Estímulos diferentes, por sua vez, o levariam a reavaliar os atributos e as conseqüências potenciais da mudança, a reavaliar a percepção da mudança como oportunidade ou como ameaça e, portanto, a reavaliar seu comportamento em relação ao esforço da mudança.

O papel dos moderadores individuais e situacionais

Quando falamos em **variáveis ou moderadores individuais**, referimo-nos às características dos indivíduos que influenciam seu processo cognitivo. A literatura sobre o assunto geralmente inclui entre essas variáveis não apenas atributos da personalidade, como dogmatismo, empatia, falta de habilidade em lidar com abstrações ou com a ambigüidade, fatalismo, motivação, criatividade, aversão ao risco, dependência, auto-estima, insegurança e resiliência (Roger e Shoemaker, 1971; Zaltman e Duncan, 1977; Watson, 1969; Conner, 1993; Rosenblatt e Ruvio, 1996), mas também valores culturais, crenças, etnocentrismo cultural, conformidade e imperativos para o comprometimento (Zaltman e Duncan, 1977; Watson, 1969).

A literatura sobre mudança organizacional e inovação explorou, profundamente, algumas dessas variáveis e seu relacionamento com o processo de avaliação de mudanças e adoção de comportamentos, enquanto outras ficaram completamente inexploradas. Por exemplo, o dogmatismo, isto é, a propensão a rejeitar novas idéias, é, freqüentemente, citado na literatura como uma das barreiras potenciais às iniciativas de mudanças. Sabemos que os indivíduos compartilham graus diferentes de dogmatismo, sendo razoável supor que indivíduos que exibem maior grau de dogmatismo têm uma tendência maior a adotar comportamentos resistentes. Assim, ainda que os atributos de determinada iniciativa de mudança façam sentido para um indivíduo dogmático, devemos esperar que sua tendência a adotar um comportamento resistente seja maior do que a daqueles indivíduos que compartilham a mesma opinião sobre os atributos da mudança, mas que não apresentam um grau tão elevado de dogmatismo. De acordo com Rogers (1962), o grau do dogmatismo é uma das explicações para o fato de que uma inovação pode ser atrativa para os inovadores e, ao mesmo tempo, ser alvo da resistência dos indivíduos mais conservadores.

Outro fator também comumente citado na literatura como barreira às mudanças é o medo do desconhecido (Dent e Goldberg, 1999). Entretanto, se assumirmos que todos os indivíduos irão resistir da mesma forma à iniciativa de automação de uma filial de uma instituição financeira pelo medo do desconhecido que tal iniciativa poderia representar, estaríamos desconsiderando diversas diferenças individuais. Por exemplo, alguns indivíduos em particular dessa filial poderiam ser *experts* em automação e, provavelmente, se sentiriam aliviados com a mudança, uma vez que suas tarefas seriam facilitadas; o gerente dessa filial poderia não se sentir de forma alguma afetado por essa mudança considerando-se que ele está prestes a aposentar-se; outros poderiam ver na mudança uma oportunidade para autodesenvolvimento e, eventualmente, uma oportunidade para conseguir melhores empregos no futuro. As possibilidades são absolutamente infinitas.

O outro grupo de fatores que moderam o processo de percepção e avaliação das mudanças é o de variáveis situacionais. Esses fatores referem-se aos estímulos proporcionados pelo ambiente no qual o indivíduo está inserido; mais especificamente, eles geralmente são provenientes do grupo a que o indivíduo pertence ou da organização propriamente dita, por meio de seus canais formais e informais de comunicação.

Em relação a esses moderadores situacionais, estudos anteriores mostraram que fatores tais como a cultura organizacional, solidariedade grupal, crenças compartilhadas, existência de conflitos internos, necessidade de conformidade, comprometimento da alta gerência com o processo de mudança, inércia organizacional, tipo de poder existente na organização e na estrutura organizacional (hierarquia, processo decisório, canais de comunicação, divisão de trabalho etc.) podem exercer influência sobre a percepção individual e influenciar a adoção de comportamentos resistentes (Watson, 1969; Zaltman e Duncan, 1977).

A cultura de uma organização, por exemplo, pode ter entronizado valores nos membros da organização que influenciarão sua forma de perceber processos de mudança. Par ilustrar esse ponto, é de supor que em uma organização cuja cultura valorize a inovação, seus membros sintam-se menos inclinados a resistir a processos de mudança que introduzam inovações do que indivíduos pertencentes a organizações com uma cultura menos progressista. No entanto, mesmo em organizações com culturas que valorizam a inovação, é possível encontrar indivíduos que resistirão às mudanças como uma forma de desafiar a cultura em si mesma ou como forma de se destacar politicamente.

A dinâmica intergrupal também é um dos moderadores situacionais bem explorados na literatura (Tajfel, 1982; Brown e Williams, 1984; Kramer, 1993). Por exemplo, em uma organização onde exista conflito de interesses entre determinados grupos, é de esperar que os membros de um desses grupos estejam mais inclinados a resistir às mudanças propostas por um grupo rival do que se a proposta tivesse partido de grupos aliados.

Discussão

O Modelo de Resistência Individual à Mudança apresentado neste estudo pretende revisitar e estender as propostas feitas pelos primeiros teóricos que se debruçaram sobre o fenômeno da resistência às mudanças em ambientes organizacionais. Acreditamos que nosso modelo oferece uma contribuição significativa para o desenvolvimento da pesquisa e prática no campo da resistência às mudanças organizacionais. Nesta seção, apontaremos algumas dessas contribuições e as principais limitações do modelo.

Contribuições teóricas e práticas

Este estudo oferece pelo menos duas contribuições teóricas significativas. Em primeiro lugar, relembramos que talvez se saiba muito menos sobre resistência às mudanças organizacionais – o que é, quando e por que ela ocorre, quais as suas conseqüências e como lidar com ela – do que teóricos e práticos pensam que sabem. O texto recorda-nos desse fato por intermédio da revisão e do questionamento dos cinco pressupostos geralmente aceitos a respeito da resistência à mudança que foram assumidos como verdade por gerentes e teóricos desde o surgimento dos primeiros estudos empíricos a esse respeito no final dos anos 40.

Como mencionamos anteriormente, nos primeiros estudos sobre o tema, os autores freqüentemente consideravam a resistência como um fenômeno grupal ou individual (por exemplo, Lewin, 1951; Watson, 1969); como uma circunstância não necessariamente a ser superada, mas como uma pista de que existiam problemas reais, estes, sim, a serem resolvidos (Lawrence, 1954); ou como um evento não necessariamente nocivo e, eventualmente, até mesmo saudável (Lawrence, 1954; Watson, 1969).

Por estranhas razões, entretanto, depois que alguns estudos gerencialistas – muito difundidos, mas não necessariamente rigorosamente testados – surgiram no início da década de 50, o fenômeno da resistência à mudança passou a ser considerado resolvido e compreendido. Discussões sucessivas e artigos recomendando "receitas" aos praticantes das mudanças organizacionais surgidos em anos recentes continuaram reforçando os mesmos pontos e reproduzindo as mesmas hipóteses a tal ponto que esse modelo clássico atingiu um *status* de "verdade absoluta". A revisão dessas hipóteses e as críticas elaboradas neste estudo são um convite para a exploração de um novo caminho de pesquisa sobre as razões, as situações e as formas em que a resistência se manifesta.

Em segundo lugar, este texto utiliza-se de alguns contrapressupostos às premissas clássicas e da Psicologia da Percepção para propor um novo Modelo de Resistência Individual à Mudança, tomando como unidade de análise o indivíduo. Além de seu valor inerente como um modelo descritivo e potencialmente preditivo, acreditamos que o uso de teorias recentes sobre a percepção e o foco na dimensão individual do fenômeno da resistência à mudança é uma contribuição estimulante a esse campo de estudo.

Nosso estudo também é um convite aos agentes de mudança e aos praticantes a repensar a abordagem que considera a resistência como um problema em si mesmo. Ao compartilharem a hipótese geralmente aceita de que a resistência deve ser identificada e superada, os agentes da mudança desconsideram a possibilidade (presente na teoria desde Lawrence, 1954) de que a resistência pode ser um sinal de que existe uma situação problemática anterior a sua ocorrência e que ela não é o problema. Portanto, esse estudo relembra aos praticantes que eles deveriam se concentrar mais na identificação das causas da resistência do que em seu combate.

Por fim, o modelo proposto também pode ser uma ferramenta útil para uma análise sobre as possíveis causas da resistência à mudança que seja centrada no indivíduo; afinal, o estudo nos relembra de que a investigação de causas gerais e massificantes é insuficiente, já que tentamos demonstrar (e acreditamos ter tido sucesso nessa tarefa) que indivíduos diferentes reagirão de formas distintas aos mesmos estímulos. Portanto, tão importante quanto a análise das causas da resistência, particularmente para a mudança organizacional, é a identificação dos grupos e indivíduos que terão maior inclinação a resistir à mudança e das razões desse comportamento.

Limitações

Naturalmente, como qualquer proposição inicial, o modelo aqui apresentado tem diversas limitações que deveriam ser complementadas ou corrigidas em futuros desenvolvimentos.

Por exemplo, ele não tem por objetivo explicar e prever todas as dimensões envolvidas no complexo fenômeno que é a resistência às mudanças, concentrando-se apenas na dimensão da **percepção individual**. Apesar disso, é nossa crença que, entre outras dimensões do fenômeno da resistência (institucional, cultural, organizacional etc.), a percepção individual apresentada aqui seja um caminho crítico em direção a uma compreensão maior e mais rica de por que pessoas ou organizações podem resistir a mudanças.

Em relação às limitações do modelo, é importante ressaltar que ele foi inspirado em outros modelos tais como o de Bagozzi e Lee (1999), desenvolvido especificamente para analisar a adoção de comportamentos resistentes de consumidores à vista de inovações propostas por fabricantes de produtos de consumo. Embora nosso modelo tenha sido extensamente revisado e complementado, incluindo-se aí a adição das variáveis individuais e situacionais e muitos outros elementos da literatura da mudança organizacional, a inspiração ainda está lá. O bom-senso nos diz que as inovações de marketing compreendem uma categoria de estímulos muito mais concreta do que aqueles apresentados às organizações e seus empregados durante mudanças organizacionais. Apesar da existência de indicativos de que o processo de percepção seja semelhante e de que as adaptações de nosso modelo foram meticulosas, não existem evidências empíricas que suportem completamente o uso dessa analogia.

Nesse sentido, a Teoria da Categorização, utilizada extensivamente para explicar a percepção de novos conceitos em diversas disciplinas, tais como Educação (Rosch, 1973) e Psicologia (Smith e Nelson, 1984), poderia servir como um quadro de análise conceitual bastante apropriado para complementar esse modelo. Embora a Teoria de Categorização tenha sido utilizada inicialmente na literatura cognitiva na identificação de conceitos e na percepção de objetos, de acordo com Cohen e Basu (1987), sua utilização na pesquisa social tem-se tornado cada vez mais freqüente. Por exemplo, ela foi utilizada para explicar como os indivíduos formam suas impressões sobre outros indivíduos (Cantor e Mischel, 1979) e para descrever como selecionam comportamentos em determinadas situações (Wyer e Srull, 1981).

Outra limitação do modelo relaciona-se à natureza ainda inexplorada dos mecanismos cognitivos utilizados por indivíduos quando confrontados com mudanças. No modelo de Bagozzi e Lee (1999), emoções emergem como resultado de uma comparação automática entre os estados atual e desejado pelo indivíduo. Outros modelos cognitivos (Cohen e Basu, 1987) podem adaptar-se melhor ao modelo individual de resistência à mudança.

Finalmente, o modelo ressalta a importância dos moderadores individuais e situacionais, mas não desenvolve profundamente seu relacionamento com o processo de percepção de mudanças. Esse fato se deve ao limitado número de estudos teóricos correlacionando essas variáveis. Embora tenhamos revisto uma grande variedade de estudos empíricos com esse objetivo, novos estudos empíricos deveriam ser realizados para se verificar, consistentemente, que variáveis têm maior probabilidade de exercer influência sobre o processo de percepção individual durante mudanças organizacionais.

Conclusão

Este texto revê e examina os modelos e teorias predominantes sobre a resistência às mudanças organizacionais e conclui que (a) as "receitas" por eles recomendadas não têm sido eficientes nem na prevenção nem na superação da resistência à mudança organizacional e (b) a origem desse problema reside nos pressupostos inadequadamente testados que tais modelos herdaram das propostas clássicas sugeridas no final da década de 40 e, desde então, assumidas como verdadeiras pelo senso comum gerencial. Esses pressupostos, cada vez mais contestados hoje, tanto por teóricos quanto por praticantes, retratam a resistência como (a) um fato natural e inevitável; (b) algo nocivo às organizações e às iniciativas de mudanças; (c) algo que ocorre apenas entre empregados e (d) um fenômeno massificado, no qual organizações são retratadas como corpos indistintos, inclinados a resistir à mudança.

Este estudo critica, estruturadamente, esses pressupostos e apresenta alguns contrapressupostos que acreditamos que também deveriam passar a ser utilizados na geração de novos modelos e teorias operacionais sobre quando, como e por que ocorre a resistência à mudança.

Baseados nesses contrapressupostos e em conceitos contemporâneos da Psicologia da Percepção, apresentamos um novo Modelo de Resistência Individual à Mudança, utilizando o indivíduo como unidade de análise. Esse modelo representa o processo perceptual individual em situações de mudança organizacional, compreendendo uma série de sete estágios desde a exposição aos estímulos apresentados pelo ambiente até a adoção de um comportamento, cujos resultados possíveis são: (a) adoção de um comportamento resistente; (b) decisão para superar a resistência; (c) indecisão; (d) adoção espontânea da mudança. O modelo também inclui, explicitamente, a presença de dois conjunto de variáveis (individuais e situacionais) que podem exercer influência sobre o processo de percepção.

Acreditamos que o modelo apresentado aqui pode ser uma ferramenta útil para agentes de mudança conscientes das limitações dos modelos clássicos que estejam buscando formas mais eficientes par lidar com o fenômeno da resistência à mudança nas organizações. Estamos convencidos de que tal modelo pode contribuir, significativamente, na avaliação da propensão individual a adotar comportamentos resistentes, bem como na prevenção e na superação da resistência em processos de intervenção. Nosso objetivo é o de que, ao utilizar o modelo e identificar as razões pelas quais os indivíduos resistem, os agentes de mudança possam desenvolver estratégias melhores e mais adequadas a cada circunstância específica.

Referências Bibliográficas

ABRASI, S. M; HOLLMAN, K. W. Inability to adapt: the hidden flaw of managerial ineptness. *Records Management Quarterly,* v. 27 nº 1, p. 22-25, 1993.

AGÓCS, C. Institucionalized resistance to organizational change: denial, inaction and repression. *Jornal of Business Ethics,* Dordrecht, v. 16, nº 9, p. 917-931, 1997.

BAGOZZI, R. P.; LEE, K. Consumer resistance to, and acceptance of, innovations. In: ARNOULD, E. J.; SCOTT, L. M. (Ed.). *Advances in Consumer Research,* v. 26, p. 218-225, 1999.

BECK, Russel W. Situational variables and consumer behavior. *Journal of Consumer Research,* Chicago, v. 2, nº 3, p. 157-164, Dec. 1975.

BOYLE, R. D. Avoiding common pitfalls of reengineering. *Management Accounting,* Montvale, v. 77, nº 4, p. 24-30, 1995.

BRAVER, N. Overcoming resistance to TQM. *Research-Technology Management,* Washington, v. 38, nº 5, p. 40-44, 1995.

BROWN, R.; WILLIAMS, J. Group identification: the same thing to all people? *Human Relations,* New York, v. 37, nº 7, p. 547-564, 1984.

BURKE, W. W. *Organization development:* a normative view. Reading, MA: Addison-Wesley, 1987.

CANTOR, N.; MISCHEL, W. Prototypes in person perceptions. In: BERKOWITZ, L. (Ed.). *Advances in experimental social psychology.* New York: Academic Press, 1979. v. 12, p. 3-52.

CHILDERS, Terry L.; HOUSTON. M.; HECKLER, S. Measurement of individual differences in visual versus verbal information processing. *Journal of Consumer Research,* Chicago, v. 12, nº 2, p. 125-134, Sept. 1985.

COCH, L.; FRENCH JR., J. R. P. Overcoming resistance to change. *Human Relations,* New York, v. 1, nº 4, p. 512-532.

COGHLAN, D. A person-centred approach to dealing with resistance to change. *Leadership and Organization Development Journal,* v. 14, nº 4, p. 10-14, 1993.

COHEN, J. B.; BASU, K. Alternative models of categorization: toward a contingent processing framework. *Journal of Consumer Research,* Chicago, v. 13, nº 4, p. 455-472, Mar. 1987.

CONNER, D. R. Managing change: a business imperative. *Business Quarterly,* v. 58, nº 1, p. 88-92, Autumn 1993.

DENT, E. B.; GOLDBERG, S. G. Challenging 'resistance to change'. *The Journal of Applied Behavioral Science,* Thousand Oaks, v. 35, nº 1, p. 25-41, 1999.

GOFFMAN, E. *Stigma.* Harmondsworth: Penguin, 1968.

GREENHALGH, L.; ROSENBLATT, Z. Job insecurity: toward conceptual clarity. *Academy of Management Review*, Briarcliff Manor, v. 9, nº 3, p. 438-448, 1984.

HARTMAN, C. L.; PRINCE, L. L.; DUNCAN, C. P. Consumer evaluation of franchise extension products: a categorization processing perspective. In: GOLDBERG, M. E. et al. (Ed.). *Advances in Consumer Research*, v. 17, p. 120-127, 1990.

HAZAN, E. Deregulation: the show goes on. *Transmission & Distribution World*, v. 50, nº 3, p. 49-56, 1998.

HOLPP, L. 10 reasons why Total Quality is less than total. *Training*, v. 26, nº 10, p. 93, 1989.

ISKATT, G. J.; LIEBOWITZ, J. What to do when employees resist change. *Supervision*, v. 57, nº 8, p. 3-5, 1996.

JOSHI, K. A model of users' perspective on change: the case of information systems technology implementation. *MIS Quarterly*, Minneapolis, v. 15, nº 2, p. 229-242, 1991.

KOTTER, J. P. Leading change: why transformation efforts fail. *Harvard Business Review*, Boston, v. 73, nº 2, p. 59-67, Mar. 1995.

_____. SCHLESINGER. L. A. Choosing strategies for change. *Harvard Business Review*, Boston, v. 57, nº 2, p. 106-113, Mar./Apr. 1979.

KRAMER, R. M. Organizational identification and cooperation. In: MURNIGHAN, K. (Ed.). *Social psychology in organizations*: advances in theory and practice. Englewood Cliffs, NJ: Prentice Hall, 1993.

KURTZ, P.; DUNCAN, A. Shared service centres: overcoming resistance to implementation of a shared service centre. *Management Accounting*, Montvale, v. 76, nº 7, p. 47-48, 1998.

LAPLANTE, A. Resistance to change can obstruct computing strategy. *InfoWorld*, v. 13, nº 23, p. S59-S63, 1991.

LAWRENCE, P. R. How to deal with resistance to change. *Harvard Business Review*, Boston, v. 32, nº 3, p. 49-57, 1954.

LEVINE, M. M.; MURPHY, G. The learning and forgetting of controversial material. *Journal Abn. Sociology and Psychology*, v. 38, p. 507-517, 1943.

LEWIN, K. Frontiers in group dynamics. *Human Relations*, New York, v. 1, nº 1, p. 5-41, 1947.

_____. *Field theory in social science*. New York: Harper and Row, 1951.

LIPTON, M. When clients resists change. *Journal of Management Consulting*, v. 9, nº 7, p. 16-21, 1996.

LIU, C. K. Pitfalls of Total Quality Management in Hong Kong. *Total Quality Management*, v. 9, nº 7, p. 585-598, 1998.

MAURER, R. Transforming resistance: using resistance to make change happen. *Human Resources Professional*, v. 10, nº 6, p. 3-6, 1997.

MILLER, R. L.; CANGEMI, J. P. Why Total Quality Management fails: perspective of top management. *Journal of Management Development*, v. 12, nº 7, p. 40-50, 1993.

POE, C. D.; VIATOR, R. E. What to do when employees resist automation. *Journal of Accounting and EDP*, v. 5, nº 4, p. 9-14, 1990.

ROGERS, E. M. *Diffusion of innovations*. New York: The Free Press, 1962.

_____; SHOEMAKER, F. F. *Communication of innovations*: cross-cultural approach. New York: The Free Press, 1971.

ROSCH, E. On the internal structure of perceptual and semantic categories. In: MOORE, T. E. (Ed.). *Cognitive development and the acquisition of language*. New York: Academic Press, 1973. p. 111-144.

ROSENBLATT, Z.; RUVIO, A. A test of multidimensional model of job insecurity: the case of Israeli teachers. *Journal of Organizational Behavior*, West Sussex, v. 17, p. 587-605, Dec. 1996. Special issue.

SCHIFFMAN, L.; KANUK, L. *Consumer behavior*. 4. ed. New Jersey: Prentice Hall, 1991.

SMITH, E. W.; MEDIN, D. L. *Categories and concepts*. Cambridge, MA: Harvard University Press, 1981.

SMITH, J. D.; NELSON, D. G. K. Overall similarity in adult's classification: the child in all of us. *Journal of Experimental Psychology*, v. 113, nº 1, p. 137-139, 1984.

SMITH, K. K. *Groups in conflict:* prisons in disguise. Dubuque, Iowa: Kendall/Hunt, 1982.

SPREITZER, G. M.; QUINN, R. E. Empowering middle managers to be transformational leaders. *The Journal of Applied Behavioral Science*, Thousand Oaks, v. 32, nº 3, p. 237-261, 1996.

TAJFEL, H. Social psychology of intergroup relations. In: ROSENWEIG, M. R.; PORTER, L. W. (Ed.). *Annual Review of Psychology*, Palo Alto, CA, v. 33, p. 1-39, 1982.

WATSON, G. Resistance to change. In: BENNIS, W. G. et al. (Ed.). *The planning of change*. New York: Holt, Rinehart and Winston, 1969.

_____. Resistance to change. *American Behavioral Scientist*, Thousand Oaks, v. 14, p. 745, May 1971.

WYER, R. S.; SRULL, T. K. Category accessibility: some theoretical and empirical issues concerning the processing of social stimulus information. In: HIGGINS, E. et al. (Ed.). *Social cognition:* the Ontario Symposium, v. 1, p. 161. Hillsdale, NJ: Erlbaum, 1981.

ZALTMAN, G.; DUNCAN, R. *Strategies for planned change*. New York: Wiley & Sons, 1977.

ZANDER, A. F. Resistance to change: its analysis and prevention. *Advanced Management*, New York, v. 4, nº 5, p. 9-11, 1950.

5

A CRIATIVIDADE NAS ORGANIZAÇÕES*

Eunice M. L. Soriano de Alencar

Há um reconhecimento crescente de que a criatividade é um fator-chave para inovação e sucesso a longo prazo das organizações. Devido à globalização, competição no ambiente de negócios e ritmo acelerado da mudança, as organizações têm sido pressionadas a fazer melhor uso de seus recursos disponíveis, e aqui incluiríamos a criatividade de seus recursos humanos.

Entretanto, a criatividade, como muitos a idealizam atualmente, é uma ilusão, como lembrou Schwartz, no livro *O momento criativo*.[1] Ainda hoje há o predomínio da tendência de se conceber a criatividade apenas como um fenômeno de natureza intrapsíquica, centrada, pois, no indivíduo e dependente de fatores como estilos de pensamento, características de personalidade, valores e motivação pessoais. Essa visão antropocêntrica da criatividade tem sido questionada e o papel vital de fatores do contexto e das forças sociais tem sido posto em relevo. Nesse sentido, Csikszentmihalyi lembra que

---

* Artigo publicado originalmente na *RAE – Revista de Administração de Empresas*, São Paulo, v. 38, nº 2, p. 18-25, abr./jun. 1998.

1. SCHWARTZ, J. *O momento criativo. Mito e alienação na ciência moderna.* São Paulo: Best Seller, 1992.

"nós devemos abandonar a visão ptolomeica da criatividade na qual a pessoa está no centro de tudo, para um modelo similar ao de Copérnico, no qual a pessoa é parte de um sistema de mútuas influências e informações.[2]

Entre os fatores ambientais que influenciam e inspiram o indivíduo, destacaremos aqui as características de seu ambiente de trabalho, chamando a atenção para distintas condições desse ambiente que podem contribuir para promover a criatividade ou inibir sua expressão. Não obstante, não podemos também deixar de lembrar que, embora a criatividade seja influenciada poderosamente por características da organização, o indivíduo exerce também influência em seu ambiente de trabalho, afetando, entre outros aspectos, o clima psicológico prevalente nesse ambiente. Décadas de pesquisa sobre criatividade têm apontado não só para fatores do ambiente das organizações que influenciam a criatividade tanto positiva quanto negativamente, mas também para elementos pessoais favoráveis e outros desfavoráveis a sua expressão. Indubitavelmente, o comportamento do indivíduo no ambiente de trabalho, ou fora dele, sofre ainda influência profunda de fatores de ordem sociocultural, como valores e normas da sociedade. Estes contribuem de forma considerável para a emergência, reconhecimento e cultivo da criatividade, ou, pelo contrário, para sua repressão.

Características Pessoais que se Relacionam com Criatividade

Várias são as características do indivíduo que se relacionam com a criatividade. O estudo desse aspecto tem mobilizado o interesse da Psicologia desde a década de 50, quando Guilford,[3] que vinha realizando pesquisas sobre a inteligência, identificou um componente da estrutura do intelecto: o *pensamento divergente*, que se distingue sobretudo pela riqueza e originalidade das idéias. Foi também Guilford quem apontou para o descaso da Psicologia norte-americana pelo estudo da criatividade, que, em seu entender, merecia maior atenção, dado seu papel crítico para o progresso. Desde então, têm sido especialmente os atributos pessoais relevantes para a expressão da criatividade que vêm mobilizando o interesse da Psicologia, que se expandiu

---

2. CSIKSZENTMIHALYI, N. M. Society, culture, and person: a systems view of creativity. In: STERNBERG, R. (Ed.). *The nature of creativity*. Cambridge, MA: Cambridge University Press, 1988. p. 336.

3. GUILFORD, J. P. Creativity. *American Psychologist*. v. 4, p. 444-454, 1950.

apenas em anos recentes para englobar também fatores externos ao indivíduo, como seu ambiente social.

Quanto às características pessoais, salientaremos inicialmente as que se relacionam de forma negativa com a expressão da criatividade e que foram apontadas sobretudo por Amabile e colaboradores, em estudos realizados no Centro para Liderança Criativa, dos Estados Unidos,[4] por meio de pesquisas com amostras de profissionais de distintas organizações. Estas são:

- **Falta de motivação:** indivíduo descomprometido e sem interesse pelo trabalho sob sua responsabilidade.
- **Falta de habilidades ou experiência:** pessoa com pouco ou nenhum conhecimento; experiência ou habilidades limitadas para desempenhar de forma adequada sua função.
- **Inflexibilidade:** pessoa que se caracteriza por opiniões ou preconceitos arraigados, com pouca predisposição à mudança.
- **Socialmente despreparada:** a criatividade é também inibida em pessoas que têm dificuldade de interagir, de trocar idéias e informações, e de expor suas idéias seja para colegas, seja para outras audiências, que poderão contribuir com distintas perspectivas sobre as idéias apresentadas.

Por outro lado, características opostas às anteriores têm sido observadas em profissionais que se destacam pela produção criativa, como por exemplo:

- **Um elenco de traços de personalidade:** pessoas que se caracterizam pela iniciativa, independência de pensamento e ação, flexibilidade, persistência e autoconfiança têm maiores chances de aproveitar as oportunidades para expressar e desenvolver idéias criativas. De especial relevância para a expressão da criatividade é a disposição para correr riscos e aprender com os próprios erros. A coragem é, pois, indubitavelmente um atributo de fundamental importância, uma vez que a criatividade implica lidar com o desconhecido. Nesse sentido, Frost considera: *"atos criativos são atos de coragem. Primeiro, porque o criador de uma inovação técnica ou social está en-*

---

4. AMABILE, T. M.; SENSABAUGH, S. J. Public and private creativity. In: WHITING, B. G.; SOLOMON, G. T. (Ed.). *Key issues in creativity, innovation & entrepreneurship*. Buffalo. N. Y.: Bearly, 1989; HILL, K. G.; AMABILE, T. M. A social psychology perspective in creativity: intrinsic motivation and creativity in the classroom and workplace. In: ISAKSEN, S. G.; MURDOCK, M. C.; FIRESTIEN, R. O.; TREFFINGER, D. J. (Ed.). *Understanding and recognizing creativity. The emergence of a discipline*. Norwood, N. J.: Ablex, 1993.

trando em águas desconhecidas e provavelmente receberá comentários conflitantes sobre o valor da nova idéia. Segundo, porque o criador encontrará oposição ou hostilidade quando a idéia for apresentada e introduzida no sistema: terceiro, porque ao longo do caminho, para uma possível aceitação da idéia, o criador terá que investir uma grande energia pessoal no processo de ter a inovação aceita; quarto, porque atos criativos podem falhar e algumas vezes ameaçam a carreira de seus responsáveis".[5]

- **Automotivação:** pessoa internamente motivada para a tarefa, que se envolve e se dedica à mesma, impulsionada por um interesse apaixonado pelo que faz. A criatividade floresce mais facilmente quando o indivíduo realiza tarefas mobilizado mais pelo prazer e satisfação do que pela obrigação e dever.

- **Habilidades cognitivas especiais:** incluem tanto a fluência, a flexibilidade e a originalidade de idéias, que caracterizam o pensamento divergente, como o raciocínio analítico e crítico.

- ***Expertise* na área:** embora uma preparação sólida não seja garantia para a criatividade, é indubitável que, quanto maior a bagagem de conhecimento e experiência, maiores as chances de se produzirem idéias que sejam inovadoras e de valor.

- **Habilidades grupais:** elas também são necessárias, uma vez que tanto o isolamento como o contato social têm seu papel durante o processo de criação. Como lembram Montuori e Purser,[6] muitos indivíduos que se destacam por sua produção criativa parecem alternar períodos de isolamento com períodos de discussão e contatos sociais. Esses autores fazem referência a pesquisas realizadas nos Laboratórios Bell, dos Estados Unidos, mostrando que, nos diferentes estágios do processo de invenção por parte de cientistas mais inovadores, há momentos em que se prefere trabalhar isoladamente e outros em que se opta por ter contato com colegas, com quem se possa falar sobre os projetos de trabalho e ouvir o que seus pares pensam sobre o problema com que se está trabalhando.

---

5. FROST, P. J. The many facts of creativity. In: FORD, C. M.; GIOIA, D. A. (Ed.). *Creative action in organizations*. Londres: Sage, 1995.

6. MONTUORI, A.; PURSER, R. E. Deconstructing the lone genius myth: toward a contextual view of creativity. *Journal of Humanistic Psychology,* v. 35, nº 3, p. 69-112, 1995.

Fatores de Ordem Sociocultural

A criatividade ocorre no contexto social e depende de processos de pensamento que têm suas raízes mais profundas na cultura. Tanto as normas, como as tradições, os valores, os tabus, os sistemas de incentivo e punições afetam sua expressão. O papel crucial do ambiente social é inquestionável e tem sido apontado pelos mais diversos autores, como Stein, que assim se expressou:

> *"Estimular a criatividade envolve não apenas estimular o indivíduo, mas também afetar o seu ambiente social e as pessoas que nele vivem. Se aqueles que circundam o indivíduo não valorizam a criatividade, não oferecem o ambiente de apoio necessário, não aceitam o trabalho criativo quando este é apresentado, então é possível que os esforços criativos do indivíduo encontrem obstáculos sérios, senão intransponíveis"*[7]

Nota-se que até mesmo o que é considerado criativo sofre influência do contexto histórico-social. Nesse sentido, não se pode falar de uma criatividade universal. O que é considerado criativo varia de um momento da História para outro, de um contexto sociocultural para outro. Tanto a história da ciência como das artes estão recheadas de exemplos que chamam a atenção para grandes obras ou mesmo descobertas que foram rejeitadas no momento em que surgiram para serem aceitas e aplaudidas décadas após sua produção. A música de J. S. Bach, por exemplo, foi ignorada por mais de 50 anos após sua morte, quando, então, mudanças ocorreram na sociedade, levando a maior sensibilidade à produção musical desse compositor. Outros exemplos, da área de artes plásticas, foram Rembrandt e Botticelli, cujo talento excepcional só foi reconhecido anos após a morte desses dois grandes gênios. Na área das descobertas científicas, poder-se-ia lembrar a reação de descrença de que Pasteur foi alvo quando apresentou sua teoria da reprodução dos microorganismos, na Academia de Ciências de Paris. Röntgen foi ridicularizado quando anunciou sua descoberta do Raio X e Harvey lutou 20 anos para que sua teoria da circulação sangüínea fosse aceita.[8]

A influência dos valores presentes em dada sociedade no comportamento do indivíduo em seu ambiente de trabalho pode ser ilustrada pela ênfase

---

7. STEIN, M. J. *Stimulating creativity. Individual procedures.* New York: Academic Press, 1974.
8. BEVERIDGE. W. I. B. *The art of scientific investigation.* New York: Vintage Books, 1988; WEISBERG, R. W. *Creativity*: beyond the myth of genius. New York: Freeman, 1993.

no coletivo, na lealdade e no espírito de equipe que caracteriza a sociedade japonesa e que se reflete em todas as suas instituições. Esse fator tem sido apontado para explicar o alto comprometimento dos funcionários japoneses e grande dedicação ao trabalho. Esses valores contribuem para justificar as longas horas de trabalho comuns em empresas japonesas (os japoneses trabalham em média 200 horas anuais a mais do que os americanos e ingleses e 400 horas a mais que os alemães e franceses) e o reduzido número de dias de férias que usufruem (embora tenham direito a 15,5 dias no ano, usualmente utilizam apenas uma média de 8,2 dias de férias). Como o trabalho é tradicionalmente atribuído a grupos e não a indivíduos, tende-se a considerar que a ausência irá prejudicar ou tornar mais lentas as atividades do grupo. Ademais, o desejo de usar todos os dias de férias é visto como um ato de deslealdade.[9]

Outro exemplo que também ilustra como as normas da cultura podem afetar o comportamento no trabalho é apresentado por Ouchi no artigo *A administração japonesa: a arte de auto-regulação*.[10] Nesse artigo, o autor discute a ideologia das organizações japonesas que tende a facilitar um intenso comprometimento no trabalho, levando cada funcionário a se identificar com a empresa e sua *missão*, por meio de uma série de estratégias que fazem com que o indivíduo tenha a organização como sua própria família. Uma dessas estratégias descritas por Ouchi diz respeito a uma cerimônia de iniciação de novos funcionários por um banco japonês. Lembra ele que há uma cerimônia formal no auditório da instituição, onde todos os novos funcionários sentam na primeira fila, tendo próximo seus pais e demais familiares. Nessa cerimônia, cada um é exortado a atender às expectativas da empresa. Faz parte ainda do evento um dos representantes dos pais proferir um discurso para agradecer ao banco pela oportunidade dada ao filho e reafirma junto a ele a importância de se manter leal a sua nova família (que é a instituição), tanto quanto a sua família biológica. Para finalizar, um representante dos novos funcionários também agradece aos pais e à instituição pelo apoio e reafirmar o compromisso de se empenhar no sentido de dar o melhor de si para alcançar as expectativas da instituição.

Os dois exemplos citados chamam a atenção para a relevância de práticas culturais que têm influência no comportamento do indivíduo em seu local de trabalho, além de imprimirem uma orientação no estilo de gerenciamento da empresa.

---

9. COLE. R. E. Work and leisure in Japan. *California Management Review*, v. 34, nº 3, p. 51-63, 1992.

10. OUCHI. W. Japanese management: the art of self-regulation. In: MORGAN, G. (Ed.). *Creative organization theory*. Newbury Park, California: Sage, 1989.

Ambiente de Trabalho e Criatividade

Em face do impressionante processo de globalização e competição acirrada que caracteriza o mundo das organizações, elas vêm sofrendo enorme pressão para se manterem em um processo permanente de inovação. Como a origem da inovação reside nas idéias criativas dos indivíduos, a criatividade tem recebido atenção crescente. Ela tem sido apontada como uma habilidade humana crítica, que deve ser canalizada e fortalecida a favor do sucesso da organização.

Vários autores[11] têm apontado as características de uma organização que se relacionam com a criatividade. Dado o papel decisivo da criatividade para o êxito das organizações em seu processo de lidar com a mudança, incerteza, instabilidade, concorrência, e promover de forma sistemática a inovação, é necessário que os dirigentes estejam atentos às condições prevalentes em seu ambiente de trabalho, no sentido de desfazer possíveis barreiras à criatividade, maximizando as oportunidades para sua expressão.

O que tem sido observado, porém, é que muitas organizações tendem a ignorar o potencial para a competência, responsabilidade e produtividade, estimulando mais a dependência e a passividade do que a iniciativa e a criatividade. As necessidades básicas de reconhecimento, apoio e segurança, que deveriam ser atendidas no ambiente de trabalho, são, muitas vezes, ignoradas, afetando a motivação para o trabalho e contribuindo para manter adormecido o potencial para a criatividade.

Não é rara a presença da intransigência e do autoritarismo, com ausência de espírito de equipe, de apoio para se colocarem novas idéias em prática, vendo-se com suspeita ou desconfiança qualquer idéia inovadora. Por outro lado, as características do *clima* predominante no ambiente de trabalho são captadas facilmente por sensores de que todo ser humano dispõe e que estão permanentemente em ação, captando e filtrando informações a respeito do ambiente psicológico a seu redor, das reações do grupo a suas idéias e a si mesmo e da extensão em que pode ou não confiar em seus colegas de traba-

---

11. ALENCAR, E. M. L. S. *Criatividade*. 2. ed. Brasília: UnB, 1995; _____. *A gerência da criatividade*. São Paulo: Makron Books, 1996; AMABILE, T. M. Discovering the unknowable, managing the unmanageable. In: FORD, C. M.; GIOIA, D. A. (Ed.). *Creative action in organizations*. Londres: Sage, 1995; BRUNO-FARIA, M. F.; ALENCAR, E. M. L. S. Estímulos e obstáculos à criatividade no ambiente de trabalho. *Revista de Administração*, v. 31, nº 2, p. 50-61, 1996; HITT, M. A. The creative organization: tomorrow's survivor. *Journal of Creative Behavior*, v. 9, nº 4, p. 263-290, 1975; LOCKE, E. A.; KIRKPATRICK, S. A. Promoting creativity in organizations. FORD, C. M.; GIOIA, D. A. (Ed.). *Creative action in organizations*. Londres: Sage, 1995.

lho. Nota-se que se a pessoa considera que pode ser criticada, ridicularizada, punida ou ameaçada por suas idéias, ou se ela se sente pouco valorizada no ambiente de trabalho, dificilmente vai se interessar em expressar idéias novas e fazer uso de suas potencialidades criativas em prol da organização.

Entre os requisitos que caracterizam uma organização criativa, salientaremos aqui especialmente a presença de líderes criativos e o cultivo de um ambiente criativo. Caberia aos líderes imprimir as condições que facilitariam a emergência das idéias criativas, promovendo um ambiente de abertura e apoio às idéias inovadoras. Tanto Hitt, há mais tempo,[12] como Locke e Kirkpatrick, mais recentemente,[13] consideram esses fatores como chaves para a criatividade nas organizações, dando destaque à cultura organizacional e à forma como seus dirigentes a imprimem. A cultura organizacional inclui os valores predominantes no ambiente de trabalho, que se espelham sobretudo nas ações de seus dirigentes e altos executivos. Os valores, por sua vez, implicariam normas ou maneiras esperadas de ação. Para facilitar a expressão da criatividade nas organizações, Locke e Kirkpatrick sugerem os seguintes meios:

1. O líder deve formular uma *visão* que enfatize a importância da criatividade, comunicando esta *visão* continuamente a todos os empregados.
2. Uma cultura criativa deve ser implementada por meio de passos específicos que favoreçam a implementação da *visão*. Estes incluem: (a) seleção de pessoas que se caracterizam, entre outros aspectos, por sólida preparação e uso dos processos de pensamento criativo; (b) possibilidades amplas de treinamento voltado para a atualização do conhecimento e desenvolvimento de habilidades criativas; (c) estabelecimento de metas para alcançar produtos criativos; (d) encorajamento, discussão e comunicação de idéias entre os membros das equipes, entre as equipes e entre todos os empregados; (e) premiação das idéias e produtos criativos, com ausência de punições a fracassos eventuais.

Idéias similares às anteriores são ainda apontadas por Norius[14] que também destaca cinco maneiras de se alcançar um ambiente ideal para a criatividade:

---

12. HITT, M. A. Op. cit.
13. LOCKE, E. A.; KIRKPATRICK, S. A. Op. cit.
14. NORIUS, H. *The Young & Rubican traveling creative workshop*. Englewood Cliffs, N. J.: Prentice Hall, 1990.

1. o comprometimento com as metas da organização, que deve ser permanentemente alimentado;
2. o cultivo de uma cultura na organização, que se caracteriza pela flexibilidade, comunicação, desafio, prazer e sentimentos de pertencimento;
3. a provisão constante de incentivos e prêmios às novas idéias e produção criativa;
4. manter-se em um processo permanente de renovação; e
5. possibilitar aos funcionários treinamento e recursos para o desenvolvimento de projetos.

As condições no ambiente de trabalho que têm impacto na criatividade foram também pesquisadas por Amabile e colaboradores, que identificaram tanto as qualidades do ambiente que promovem a criatividade como as condições que a inibem. Entre as primeiras, situam-se liberdade e controle, estilo de gerenciamento, flexibilidade, recursos para colocar a idéia em prática, apoio do grupo de trabalho, encorajamento, reconhecimento e *feedback*, tempo adequado para realização das tarefas. Por outro lado, entre os fatores que bloqueiam a criatividade, estariam um clima organizacional pobre, excesso de avaliação e pressão, recursos insuficientes, ênfase no *status quo*, pressão de tempo, competição acirrada e projeto inadequado de gerenciamento.

Amabile sintetiza as condições que facilitam a criatividade, lembrando que

> *"níveis mais altos de criatividade provavelmente ocorrerão em pessoas flexíveis, com um* background *relevante de conhecimento, que gostam do que fazem e que trabalham em um ambiente onde se sentem desafiados, encorajados a correr os riscos que a implementação de uma nova idéia implica e apoiados em sua autonomia"*.[15]

Um modelo de inovação organizacional, com três componentes básicos, foi proposto por essa autora, juntamente com Hill,[16] com base em estudos realizados no contexto de grande número de organizações. Esses três componentes são:

---

15. AMABILE, T. M. Op. cit.
16. HILL, K. G.; AMABILE, T. M. Op. cit.

- **Recursos:** dizem respeito a fundos, materiais, pessoas e informações disponíveis para realizar o trabalho. Tais recursos, entretanto, podem ou não ser usados de forma criativa.
- **Técnicas:** incluem competências no gerenciamento da inovação, presentes nos distintos níveis da organização e voltadas para a concepção, desenvolvimento e implementação de idéias criativas.
- **Motivação:** é considerada o componente mais importante tanto no âmbito do indivíduo quanto da organização. Embora sejam os recursos e competências do gerenciamento que tornam a inovação possível, a motivação é o elemento catalisador das ações voltadas para a inovação.

Nosso interesse por essa área levou-nos a investigar, com funcionários de distintas organizações, as características de uma organização que se constituem como estímulos à criatividade no ambiente de trabalho.[17] Entre eles, tanto aspectos ligados à estrutura da organização, como outros relacionados às características da chefia e ainda aos recursos disponíveis, foram lembrados pelos funcionários, dos quais se destacaram especialmente:

- **Suporte da organização:** incluiria o reconhecimento do trabalho criativo, mecanismos para o desenvolvimento de novas idéias e uma cultura voltada para a inovação.
- **Estrutura organizacional:** uma estrutura favorável à criatividade se caracterizaria por um número limitado de hierarquias, normas flexíveis, menos burocracia e descentralização do poder decisório.
- **Apoio da chefia:** uma postura de receptividade, flexibilidade, aceitação e estímulo às novas idéias, paralelamente ao respeito às opiniões divergentes caracterizariam uma chefia que favorece a expressão da criatividade.
- **Suporte do grupo de trabalho:** relacionamento interpessoal favorável e estimulante a idéias novas, diálogo e confiança entre os membros das equipes, trocas de experiências entre membros e equipes.

Outros fatores, como recursos tecnológicos e materiais, possibilidade de treinamento e presença de desafios, embora também importantes, foram menos ressaltados por essa amostra.

---

17. BRUNO-FARIA, M. F.; ALENCAR, E. M. L. S. Op. cit.

Nossos dados têm identificado também insatisfação por parte de um número significativo de profissionais de empresas diversas quanto a seu ambiente de trabalho. O excesso de burocracia, inexistência de espírito de equipe, falta de integração entre setores, precário sistema de comunicação são algumas das queixas comuns que levam o indivíduo a não encontrar significado no trabalho e a se sentir desestimulado a fazer uso de sua energia criativa em favor da organização.

Portanto, é necessário que uma plataforma para a criatividade individual esteja presente no ambiente das organizações. Essa plataforma tem como base a presença de sentimentos de confiança e respeito, a harmonia nas equipes, a prática das virtudes de compartilhar idéias, respeitar as diferenças, valorizar o trabalho do indivíduo e do grupo, reconhecer as potencialidades e oferecer oportunidades para a produção e fertilização de idéias.

6

A DIFÍCIL GESTÃO DAS MOTIVAÇÕES*

Cecília W. Bergamini

É muito comum que se caia na tentação de afirmar que uma das principais responsabilidades dos gerentes seja a de motivar seu pessoal. Por anos a fio, vem-se tentando conseguir sucesso nesse tipo de empreitada e, embora praticamente nada se tenha conseguido, os conselhos continuam a brotar de todos os lados e receitas das mais variadas têm sido oferecidas para que se obtenha aquilo que grande número de publicações em psicologia considera um verdadeiro milagre. A primeira preocupação que surge é saber se todos aqueles que descrevem a atividade gerencial como geradora de motivação estão falando a respeito do mesmo assunto.

É difícil acreditar que, apesar de muito utilizada e discutida nas organizações, a motivação seja objeto de considerações tão diferentes entre si. Isso indica, não há dúvida, que o interesse pelo assunto é grande. Não há como negar: esse é o tema que há mais de uma década está em grande evidência! Algo, no entanto, é comum entre muitas dessas interpretações que as pessoas, no geral, oferecem quando falam do assunto: raramente as opiniões, crenças e mitos nasceram de informações oferecidas pelas pesqui-

---

* Artigo publicado originalmente na *RAE – Revista de Administração de Empresas*, São Paulo, v. 38, nº 1, p. 6-17, jan./mar. 1998.

sas científicas. Assim, o que a maioria das pessoas sabe ou diz saber a respeito da motivação pede maior esclarecimento e cautela, levando em conta tudo o que se tem estudado sobre ela.

Por outro lado, muitas vezes não é tão fácil descobrir por que as pessoas agem de determinadas maneiras. Isso provavelmente se deve ao fato de que nem sempre cada uma delas faz as mesmas coisas exatamente pelas mesmas razões. Pesquisas feitas sobre o comportamento motivacional revelam que não somente os objetivos que cada um procura atingir são diferentes daqueles que outros almejam, mas também que as fontes de energia responsáveis por disparar esse tipo de comportamento são diferentes. Assim, o estudo da motivação humana diz respeito à descoberta do porquê de as pessoas se movimentarem e de qual a fonte de energia que estão usando para tanto.

Qual é o Cenário de Trabalho Atual?

O mundo todo vive um momento em que o grande desafio é, sem dúvida, conseguir dominar a mudança. Ultrapassar essa etapa é o que de melhor se pode esperar que líderes eficazes façam por suas empresas, caso pretendam ajudá-las. As condições em que as mudanças estão ocorrendo são, sem dúvida alguma, claramente adversas ou, como propõem alguns autores, *"mais turbulentas, mais caóticas e mais desafiadoras do que nunca"*.[1]

Há algum tempo tenta-se transmitir a magnitude dos desafios com os quais se defrontam as organizações quando se considera tudo aquilo que está ocorrendo. Mesmo assim está fora de cogitação que se consigam ver com exatidão as dimensões daquilo que está sendo necessário enfrentar.

A tecnologia, particularmente no tocante às comunicações, está hoje mudando em um ritmo mais rápido do que nunca na história da humanidade. Nos últimos 50 anos, não se havia visto tal agilidade em mudar, sendo essa reviravolta de cenário considerada a maior e mais rápida até então.

Até certo ponto atônitas, as pessoas e as organizações, em conjunto, têm sido constrangidas a viver sob a pressão da procura de alguma estratégia que lhes permita dominar esses novos desafios. Acontece, no entanto, que o instrumental, os processos e a própria tecnologia disponível ao alcance dos administradores estão, igualmente, se modificando. Tudo isso delineia um

---

1. KANTER, R. M. Managing the human side of change. In: KOLB, D. A.; OLSAND, J. S.; RUBIN, I. M. *The organizational behavior reader*. New Jersey, 1995.

cenário que, de certa forma, já havia sido antecipado, mas, que, por alguma desatenção de nossa parte, não se acreditava tão iminente. O desafio chegou de fato e, ainda experimentando algum despreparo, as pessoas parecem dispostas a ensaiar os primeiros, mas ainda hesitantes, passos para não sucumbirem nem serem definitivamente tragadas – ou pegas de surpresa – por ele quando não houver mais tempo para reagir.

Um bom número de obras contendo os mais variados tipos de análise sobre as dificuldades de inserção no mercado de trabalho tem sido divulgado e consumido rapidamente. Da mesma forma que, no caso dos livros de auto-ajuda, as pessoas estão mais desejosas do que nunca de encontrar uma solução para suas aflições existenciais, que são as prováveis barreiras à realização pessoal. Uma dessas aflições diz respeito ao referencial de auto-estima representado pelo significado que o trabalho tem para cada um dos seres humanos.

O fim dos empregos é uma realidade, tendo em vista que, após anos de previsões otimistas e alarmes falsos, a nova tecnologia de informática e comunicação faz finalmente sentir seu violento impacto. As pessoas custaram a entender que não se tratava de simples e inocentes exercícios de futurologia. Esse desfecho já havia sido prognosticado há muito, a partir do momento em que se procurou cotejar a permeabilidade do mercado de trabalho em face da globalização da economia vigente no mundo inteiro. Como resultado chegou-se ao delineamento de uma realidade na qual milhões de trabalhadores têm sido diariamente eliminados do processo econômico ativo, fazendo com que funções e categorias inteiras de trabalho venham sendo drasticamente reduzidas, assim como outras se tenham reestruturado, exigindo competências inéditas até então, sem falar naquelas que definitivamente já desapareceram.[2]

Mais do que nunca, cada um de nós está vendo-se compelido a ter que comprovar seu valor diante de um mercado de trabalho no qual, além de outros concorrentes rivais, há que se procurar valer mais do que as máquinas que nos ameaçam como nossos prováveis substitutos. Deixando de lado a especialização em profundidade, torna-se importante a visão generalista e interdisciplinar.

Reinterpretando a história, registra-se que no início do século XX foi necessário que os trabalhadores lutassem para se saírem vencedores no defrontamento entre o ser humano e a máquina, exatamente no momento

---

2. RIFKIN, J. *O fim dos empregos, o declínio inevitável dos níveis de empregos e a redução da força global de trabalho*. São Paulo: Makron Books, 1996.

em que novas tecnologias industriais ameaçavam substituir sua força muscular. Atualmente, embora menos pesadas, mas igualmente ameaçadoras e de maneira muito mais refinada do que antes, as tecnologias em informática parecem prontas para substituir as mentes humanas e colocar máquinas inteligentes no lugar daqueles que usavam suas capacidades a serviço de uma atividade criativa.

Resulta disso tudo que os empregados não podem mais acalentar as mesmas expectativas de um relacionamento em longo prazo com determinada instituição de trabalho. De um momento para o outro, sem que seja possível ter tempo suficiente para preparar-se, a promessa de um emprego para toda a vida torna-se cada vez mais difícil de ser sustentada.

Alguns autores, como Leboyer,[3] por exemplo, salientam que pesquisas atuais apontam para uma crise de motivação que afeta indistintamente todas as categorias profissionais. Ouve-se em todos os setores de atividade queixas do desaparecimento dos valores tradicionais e do fato de a consciência profissional parecer não mais existir: devotar-se ao trabalho parece em desuso e até ridículo. Para a autora, o significado do trabalho está enfraquecido, portanto seu valor freqüentemente se limita às vantagens materiais que ele traz e suportá-lo se prende à necessidade de ganhar a vida. O trabalho vem sendo considerado uma atividade desprovida de qualquer dimensão ética, boa apenas para assegurar o futuro econômico. A constatação desse cenário deixa perplexos aqueles que acreditam no trabalho como referencial de auto-estima; parece impossível gerir qualquer atividade humana quando o trabalho perdeu o sentido para tantos.

Como conseqüência, nas mais variadas culturas surgem conclusões claras de que atualmente os empregados sejam menos leais, menos comprometidos com suas antigas fidelidades e finalmente menos estáveis do que nunca. É como se acreditassem que suas carreiras dentro das organizações não têm a mesma vida longa nem o mesmo significado de antes. Para sobreviver, por outro lado, as próprias organizações têm procurado adaptar-se de maneira a adotarem estruturas mais flexíveis, uma vez que as reorganizações estão, mais que nunca, presentes no cenário atual. Tal habilidade de mudança assegura condições de se entrar ou sair de certo tipo de negócio e permite também um rápido planejamento de novos produtos no momento em que as circunstâncias vigentes num determinado mercado também se alteram.

Assim, como um tipo de resposta absolutamente conseqüente, os empregados mostram-se mais exigentes quanto aos níveis de compensação que

---

3. LEVY-LEBOYER, C. *A crise das motivações*. São Paulo: Atlas, 1994.

devem receber das empresas nas quais trabalham, pois vislumbram que a qualquer momento podem estar de novo disponíveis no mercado de trabalho. O dinheiro poupado lhes ajudará talvez a enfrentar períodos de espera de uma nova contratação que cada vez se tornam mais longos.

As organizações também se defendem dos perigos de uma fidelidade irrestrita à sua mão-de-obra. Sem se indagarem a respeito das conseqüências da adoção de empregados temporários, abrem suas portas à terceirização. O emprego que antes representava um referencial de valorização pessoal já não oferece os antigos parâmetros de automerecimento. A ameaça constante de perda do emprego faz com que as pessoas se sintam próximas do limite de serem consideradas como improdutivas ou até imprestáveis.[4] Para elas é melhor estagnar em um nível da hierarquia organizacional para não arriscar a pouca previsibilidade e segurança que acreditam ter no emprego atual.

As pessoas têm-se visto obrigadas a aprender a viver um tipo de vida no qual quase nada permanece estável por muito tempo, um mundo no qual a maior certeza passa a ser aquela do constante vir-a-ser, pois tudo está em movimento ininterrupto. Como se trata de um clima generalizado de mutações constantes, os clientes, sejam internos ou externos às organizações, também pressionam para que rotinas antigas sejam substituídas por outras mais ágeis e rápidas a fim de poderem atender a necessidades e desejos daqueles que esperam por satisfações mais imediatas no mercado consumidor. É como se ninguém mais soubesse ter a paciência de esperar. Tanto clientes como empregados sabem que novas e mais diversificadas opções existem em algum lugar, sendo isso o suficiente para que mudem de maneira imprevisível suas escalas de prioridades, deixando de lado o seu vínculo com a empresa, que anteriormente era mais estável, senão vitalício.

Por um lado todos concordam que é preciso mudar, mas por outro ainda têm muitas dúvidas a respeito dos novos perfis de capacidades a serem desenvolvidos sob a recomendação de consultores e especialistas em administração. Ninguém tem condições de garantir nada e essa incerteza tem sido terrivelmente desgastante.

Onde Entra a Motivação?

A partir do momento em que se torna possível perceber certa estabilidade econômica, como a que se começa a viver no Brasil atual, aliada ao desa-

---

4. RIFKIN, J. Op. cit.

fio da mudança ocasionada principalmente pela quebra do hábito de viver sob o ritmo da dança inflacionária, há que se admitir o nascimento de uma nova era para a administração.

Considerando também que a tecnologia de comunicação tem feito com que o mundo pareça ter encolhido e que um grande número de atividades rotineiras tenham sido engolidas pelos avanços no campo da computação, o redesenho de um grande número de cargos impôs-se como condição de sobrevivência das organizações. Novamente, as pessoas dentro das organizações voltam à cena como algo mais preocupante e claramente um tanto mais problemático do que qualquer outro insumo desfrutado pelas organizações.

Embora um número expressivo de novas idéias tenha modificado para, talvez, melhor o contexto organizacional, problemas continuam se interpondo entre as pessoas, as missões e os objetivos organizacionais.

No momento atual, as pessoas parecem movimentar-se desordenadamente, de maneira a tornar improdutiva toda e qualquer tentativa de controle. Esse movimento espontâneo tem inquietado os administradores, que parecem ter assumido como principal desafio a indagação proposta por Sievers: *"como é possível conseguir que as pessoas produzam sob condições em que elas normalmente não estariam motivadas a trabalhar?"*[5] Parte da resposta a tais indagações está inequivocamente ligada à psicodinâmica do comportamento motivacional como fonte de energia praticamente em estado de ebulição dentro de cada uma das pessoas. Esse tipo de movimento engrenado é qualitativamente diferente daquele que leva as pessoas a se comportarem, de alguma forma, impulsionadas pelos prêmios ou retidas pelas punições existentes no meio ambiente. Trata-se de algo independente e que parece nascer do mundo interior de cada um, escapando a qualquer tentativa de controle.

Em um momento que a tecnologia se torna mais refinada, a forma de analisar e entender o comportamento motivacional das pessoas está sendo considerada como algo que exige conceitos que ofereçam maior precisão. Especialmente em países cuja orientação pragmaticista do empregador era considerada como a grande alavanca do sucesso organizacional, o behaviorismo, inspirado no condicionamento, colocou em evidência a imagem de diferentes formas e variações praticamente ilimitadas de condicionamento humano. Embora conscientemente as pessoas pareçam não aceitar, elas estão sendo em realidade mais condicionadas do que nunca no seu ambiente de trabalho.

---

5. SIEVERS, B. Além do sucedâneo da motivação. *Revista de Administração de Empresas*. São Paulo: Fundação Getulio Vargas, v. 30, nº 1, jan./mar. 1990.

O entusiasmo a respeito da teoria do condicionamento operante de Skinner acabou por chamar de motivação aquilo que a psicologia já havia consagrado chamar de comportamento condicionado e que foi fortemente inspirado nas descobertas de Pavlov, distinguido com o prêmio Nobel em 1904. A teoria do condicionamento teve como principal conseqüência o entendimento de que é sempre possível conseguir que as pessoas se comportem de acordo com certos padrões de conduta previamente estabelecidos. Para chegar a esse resultado, basta que se recompense toda ação julgada como positiva. No sentido inverso, seria possível conseguir que as pessoas abandonassem certos tipos de ações consideradas como inadequadas, fazendo-as acompanhar-se de algum tipo de punição. Como Skinner, os administradores acreditaram que seria possível fazer com que aqueles que trabalham assumissem qualquer tipo de conduta; acreditavam que, para tanto, seria suficiente desenvolver suas habilidades como manipuladores das variáveis do ambiente organizacional.

Portanto, as diretrizes administrativas em muitos países tomaram como ponto de partida o enfoque behaviorista de Pavlov e Skinner, assumindo definitivamente o enfoque controlador do comportamento humano, muito de acordo com os pressupostos da Administração Científica de Taylor. Esse enfoque previa que o administrador não só pode, como deve **mudar** o comportamento dos subordinados de forma a fazê-los adotar comportamentos predeterminados pela orientação filosófica da organização. Os trabalhadores nesse caso seriam passivos e sofreriam sem reagir à ação das variáveis condicionantes do meio ambiente de trabalho. Administrar resume-se, neste caso, em punir ou premiar aqueles que trabalham quando isso se fizer necessário.

Dentro desse referencial teórico também chamado de comportamentalista, as pessoas são consideradas como praticamente iguais umas às outras e, portanto, reagiriam invariavelmente de uma mesma maneira. Caberia, então, ao administrador eficaz descobrir que tipo de ligação estímulo-resposta adotar. Segundo os psicólogos behavioristas, seria necessário encontrar uma fórmula praticamente única de estimular o comportamento capaz de resolver eficazmente todos os problemas de falta de motivação – o que equivale a planejar uma estratégia administrativa de condicionamento que seja praticamente infalível e aplicável a todos os trabalhadores indistintamente. As campanhas de premiação por desempenho estão aí para comprovar isso.

A partir dessa forma de entender o comportamento humano inaugurou-se uma fase na história da administração em que se passou a fazer uso indiscriminado dos reforçadores positivos, também denominados prêmios, e dos reforçadores negativos, considerados como controles extrínsecos e punições. Os hábitos comportamentais dos indivíduos no trabalho eram tão-somente entendidos como fruto do condicionamento aplicado a eles oriundo da influência do meio ambiente. Esse tipo de diretriz administrativa deixou raízes profundas no pensamento administrativo moderno e contemporâneo. Apesar dos sérios problemas que tem causado, um dos hábitos mais arraigados e de difícil remoção no cenário organizacional é aquele de abandonar a perspectiva do controle extrínseco quando se pensa estar **motivando** pessoas para o trabalho.

O Controle faz Evaporar a Motivação

É sobretudo no contexto organizacional que mais se tem falado sobre motivação e em que, de certa forma, ela se transformou no tempero que mais sabor oferece à Gestão de Recursos Humanos. No entanto, as incursões que se tem feito sobre o tema, buscando descobrir qual a correlação existente entre motivação, qualidade e produtividade no trabalho, não têm resultado em grande sucesso. Essa tem sido uma luta ingrata. São tantas as variáveis dependentes que podem influenciar as possíveis correlações entre a motivação e as demais variáveis organizacionais que poucos pesquisadores têm tido o êxito esperado em suas tentativas de comprovar a existência da interação entre as mesmas.

Em que pese a tais dificuldades, quase tudo, senão tudo o que se tem pensado ou dito a respeito de sucessos ou fracassos dentro das organizações vem sendo interpretado à luz de uma possível influência dos níveis de satisfação motivacional no trabalho. Essa interpretação parece estar longe de ser mais específica, isto é, freqüentemente tem ocorrido que qualquer forma de movimentação de pessoas independentemente de sua origem ou finalidade seja chamada de motivação.

Está ficando cada dia mais claro que um dos grandes enganos que se têm cometido em nome do estudo da motivação é considerá-la como se fosse uma entidade autônoma e, portanto, que pudesse ser concebida como algo completo em si mesmo e até certo ponto solto no espaço. Aqueles que pretendem ter razão ao atribuir especialmente a ela a causa única do sucesso ou do fracasso de cada empresa já perceberam como são pouco conclusivas suas pretensas descobertas.

Verifica-se que muito se discute sobre aquilo que pode motivar as pessoas e muito tempo se tem perdido em discussões acerca dos fatores de motivação propostos por Maslow ou Herzberg. O problema neste caso é que aqueles que o fazem não procuraram esclarecer-se a respeito do que seja realmente estar motivado. Como é possível pretender descobrir aquilo que mais motiva as pessoas no trabalho, sem antes indagar-se sobre o que verdadeiramente é a motivação?

Alguns autores, como Michel,[6] por exemplo, afirmam que hoje em dia, tomando por base tudo o que já se pesquisou sobre motivação, há que se levar em conta alguns outros aspectos também necessariamente ligados a ela em uma situação específica e que se torna indispensável incluir em suas pesquisas outras variáveis ligadas à motivação. Quando se fala, então, de estar motivado para o trabalho, já se sabe que existem dois componentes aí envolvidos, que são o indivíduo e a organização. Isso implica considerar a estrutura e os processos organizacionais que são referenciais importantes no delineamento do sentido que se dá ao comportamento motivacional. Qualquer tentativa de se falar em gestão motivacional está ligada tanto às práticas organizacionais quanto às expectativas das pessoas nelas envolvidas. Existe aqui uma situação de dependência entre esses dois componentes: um se torna incompreensível sem o outro.

Em segundo lugar, é fundamental que, como todo tipo de comportamento, a motivação também seja considerada algo um tanto complexo, pois abrange um número bastante grande de variáveis que interagem entre si e devem ser analisadas em profundidade. Uma das principais distorções do conceito de motivação tem origem na projeção que os teóricos fazem de suas próprias motivações. O processo de motivação reside numa dinâmica profunda e fundamental, capaz de levar cada um a se envolver em processos de escolha e decisões de ação, não se servindo apenas de reações psicodinâmicas aparentes e atuais.

Estar motivado não deve ser confundido com situações em que se experimentam momentos de alegria, de entusiasmo, de bem-estar ou de euforia. Esses estados podem, até certo ponto, ser considerados efeitos do processo motivacional, mas não explicam como se chegou até eles nem como eles apareceram. Hoje em dia, sabe-se que a motivação é muito mais ampla do que os comportamentos ou estados que tem a propriedade de disparar. Tudo isso deve ser considerado de maneira especial sob o ponto de vista do próprio indivíduo que a vivencia e não unicamente sob o ângulo de quem a observa.

Como decorrência lógica do fato de se aceitar a complexidade do comportamento motivacional, acaba-se por compreender que difícil, senão im-

---

6. MICHEL, S. *Peut-on gérer les motivations?* Paris: PUF, 1994.

possível, seria encontrar "a" fórmula ideal de como motivar pessoas. Aqueles que perseguem esse tipo de resultado obtido em curto prazo podem ser considerados fortes candidatos ao desapontamento, antes de mais nada. Como todos os outros assuntos a respeito do comportamento humano, principalmente o da motivação guarda sutilezas e complexidades que não podem ser menosprezadas. Esse parece constituir o principal desafio ao qual poucos têm conseguido responder adequadamente.

As Diferentes Faces da Motivação

Sem que se devam considerar como falsas, ou não científicas, várias teorias abordaram diferentes aspectos sob os quais se pode tratar o assunto da motivação. Uma vez colocadas em evidência as diferentes perspectivas sobre o mesmo tema, sua compreensão se ampliou e tornou possível a explicação de muitos comportamentos no trabalho. Isso fica bem claro quando se revêem experimentos feitos no contexto das organizações desde o final do século passado. Como cada uma dessas teorias examinou o fenômeno motivacional sob um prisma diferente, levar em conta tal diversidade só pode enriquecer o conhecimento que se queira ter sobre o assunto.

Percebe-se com nitidez que as primeiras explicações deixaram-se influenciar pelas preocupações econômicas e pragmáticas em lugar de privilegiar a pesquisa científica. Aquilo que de mais importante se esperava da maioria dos estudos feitos era conseguir dinamizar o comportamento produtivo, chegando, ao mesmo tempo, a níveis mais altos de motivação.

Por acreditar no poder milagroso das recompensas vindas do ambiente organizacional, um bom número de empresas de consultoria passou a oferecer um pacote de incentivos que parece ter sido muito bem-vindo. Esses pacotes orientavam as organizações no sentido de desenvolver campanhas de motivação. Não se podem condenar *a priori* tais procedimentos, mas o importante é estar alerta para os efeitos que eles têm, como os listados a seguir.

Haverá uma **reação positiva imediata** a partir do lançamento da idéia de premiação na empresa. Isso faz parecer que os efeitos desejados sejam inquestionavelmente atingidos. Isso ocorre porque, acostumados a receber apenas seus salários mensais, os empregados agora se deparam com uma boa nova: receberão um "algo mais" pelo mesmo trabalho que desenvolviam antes. Essa reação positiva tem vida curta, persistindo algumas vezes até a segunda ou terceira premiação no máximo. Passada a novidade, o estado de euforia será substituído por considerações bem menos positivas.

Há uma **transitoriedade** no sentido de que determinado tipo de prêmio é oferecido sob a forma de bens palpáveis ou montantes que não podem ser utilizados mais de uma vez. Substitui-se o prêmio por outro mais caro e a gratificação em dinheiro precisa ser necessariamente aumentada. Tudo isso acarretará sobrecarga de custos e a empresa precisa pensar nisso antes da primeira campanha. Uma vez prometido o prêmio, este nunca mais poderá ser retirado, o que precipita uma sensação de se estar sendo punido.

Os **critérios de atribuição de prêmios** precisam estar bem claramente estabelecidos para não provocar uma sensação de injustiça ou iniqüidade. As pessoas que podem ser agraciadas com prêmios precisam saber exatamente que atitude ou ação foi digna de retribuição por parte da empresa. Sem isso começarão a surgir problemas e reclamações que precipitarão problemas que antes não existiam.

As extraordinárias contribuições de Taylor, Mayo e McGregor ilustram a visão do *homo economicus*. A rapidez com que se difundiu o pensamento desses primeiros cientistas do trabalho deixou claro como suas idéias foram bem-aceitas dentro do contexto do fim da Revolução Industrial. Para Taylor, por exemplo, nada melhor do que o uso do dinheiro para se conseguir "criar" e "fortificar" a motivação. Mayo propõe que o grupo social desempenha um papel com força indiscutível no processo de alavancagem da energia motivacional. Com isso se propõe o valor indiscutível das relações humanas, entre outras variáveis, como o principal energizador do comportamento motivacional.

Finalmente, McGregor[7] lança a idéia de que os trabalhadores são, por natureza, laboriosos, fazendo todo o possível para atingir sua própria auto-realização pelo trabalho. Conseqüentemente, a empresa, segundo McGregor, deve dispor de recursos que facilitem o amadurecimento motivacional de seus assalariados. Para ele, se as pessoas forem impedidas de satisfazer a suas necessidades por meio do trabalho, comportar-se-ão com indolência, passividade e má vontade, ficando sob a responsabilidade da empresa os níveis de imaturidade motivacional de seus trabalhadores. É como se essas organizações acabassem presas aos laços que elas mesmas prepararam.

No decorrer da década de 70, Herzberg[8] abre uma nova perspectiva com suas pesquisas propondo que existem dois tipos de objetivos motivacionais qualitativamente diferentes. Segundo sua teoria, existem objetivos motiva-

---

7. McGREGOR, D. *O lado humano da empresa*. São Paulo: Martins Fontes, 1980.
8. HERZBERG, F.; MAUSNER, B.; SYDERMAN, B. *The motivations to work*. New York: John Wiley, 1964.

cionais cujo papel é simplesmente o de manter a insatisfação das pessoas no nível mais baixo possível. Esses fatores estão ligados ao ambiente periférico ou extrínseco ao indivíduo. Além dos fatores extrínsecos ao indivíduo, existem outros que tratam da busca de um máximo de satisfação motivacional e estão ligados ao próprio indivíduo e ao tipo de trabalho que ele desenvolve, sendo reconhecidos como os verdadeiros fatores de satisfação da motivação intrínseca.

A importância desse tipo de pesquisa desenvolvida por Herzberg é permitir que se perceba a diferença entre os fatores chamados de higiene, que não motivam, mas tão-somente neutralizam a insatisfação e os que representam a verdadeira fonte de satisfação motivacional. Com isso, Herzberg conclui que o contrário de insatisfação não é satisfação, mas nenhuma insatisfação, assim como o contrário de satisfação não é insatisfação, mas nenhuma satisfação. Isso significa que o que deixa as pessoas insatisfeitas quando está ausente não as satisfaz quando presente. E o que deixa as pessoas satisfeitas quando presente não as deixa insatisfeitas quando ausente. Se, por exemplo, as políticas administrativas forem justas, ninguém estará mais motivado por causa disso, pois é considerado como obrigação da empresa, mas, se forem injustas, instala-se um clima de insatisfação geral.

Ao caracterizar a diferença entre esses dois fatores, Herzberg pretende demonstrar que não basta oferecer fatores de higiene para se obter motivação. Atendidos os fatores periféricos, está-se garantindo apenas o bem-estar físico das pessoas. É necessário ir além disso e oferecer às pessoas oportunidade de garantir sua chegada aos objetivos de satisfação interior, responsáveis pela verdadeira motivação. Todos esses fatores intrínsecos pertencem a um tipo de necessidades de mais alto nível e não de necessidades primárias consideradas como básicas à subsistência física.

Isso ressalta a importância de um estudo mais específico a respeito de quais os efeitos dos diferentes tipos de reconhecimento a empresa pode oferecer a seus empregados.

Esses estudos permitem chegar à conclusão de que existem dois tipos de motivação: a conhecida como interna ou endógena e a conhecida como externa ou exógena.

Archer[9] propõe que *"a motivação [...] nasce somente das necessidades humanas e não daquelas coisas que satisfazem essas necessidades"*. O autor

---

9. ARCHER, E. O mito da motivação. In: BERGAMINI, C.; CODA, R. *Psicodinâmica da vida organizacional:* motivação e liderança. São Paulo: Atlas, 1997.

considera fatores de satisfação **endógenos** os que são providos pelo intelecto e fatores de satisfação **exógenos** os que vêm de fora do intelecto e pertencem ao meio ambiente. Embora seu artigo tenha sido publicado em 1978, muito pouca gente parece ter dado a devida importância a essa caracterização oferecida pelo autor. Uma retribuição tipo exógena a uma necessidade endógena pode representar um tipo de frustração motivacional. Dentro de uma relação de causa e efeito um esquema no qual a pessoa que está intrinsecamente motivada é recompensada por um fator extrínseco leva-a a ficar inicialmente confusa, terminando por constatar que sua motivação intrínseca evaporou.

Entende-se, de acordo com a distinção entre esses dois tipos de reconhecimento oferecidos pela empresa, que mesmo prêmios podem ter conseqüências contraproducentes no tocante à satisfação motivacional. As organizações devem levar em conta o tipo de expectativa do que recebe tais recompensas, isto é, o sentido que ele atribui às mesmas. Por exemplo, um empregado solteiro valorizará em especial férias prolongadas trocando-as de bom grado por seu seguro de vida.

Todas essas descobertas levam à valorização da motivação gerada pelas necessidades que brotam do interior de cada um. O ser humano passa a ser considerado como portador de necessidades que busca satisfazer sob pena de ter que suportar graus desagradáveis de tensão. É assim que estudos mais recentes preocupam-se, sobretudo, com o desencadeamento da dinâmica motivacional em lugar de se aterem tão-somente ao estudo do conteúdo da motivação como fizeram Maslow e outros pesquisadores, quando se restringiram ao estudo de quais tipos de objetivos motivacionais eram mais freqüentemente perseguidos pelas pessoas.

Entender a motivação como um processo significa procurar descobrir como ela ocorre. Isso tem implicações muito importantes quanto à tentativa de gestão da motivação das pessoas no trabalho. Sem conhecer essas restrições ao uso de fatores extrínsecos de motivação, é melhor não se lançar a programas de incentivos por produção ou premiação por feitos excepcionais. Percebe-se, desde então, que só se consegue gerir o processo motivacional em um nível mais superficial quando se trata da motivação extrínseca ou mais precisamente do condicionamento. O esquema a seguir é, então, o proposto pelos teóricos comportamentalistas representados por Pavlov e Skinner. Muito freqüentemente os que acreditam conseguir motivar usando recompensas tais como prêmios ou recompensas salariais são os melhores exemplos dos que adotam a diretriz condicionante como estratégia administrativa de seus recursos humanos.

De maneira oposta, quando se aceita a motivação como processo interno no qual a energia motivacional brota das necessidades, como foi proposto por Lorenz, agraciado com o prêmio Nobel em 1973, fica praticamente contra-indicado ou simplesmente improdutivo o uso de qualquer recurso que proponha dirigir ou mesmo coagir o ser humano a adotar certos tipos de reações comportamentais. A motivação intrínseca não sofre pacificamente a ação de nenhuma força ou pressão que não seja a oriunda do próprio mundo interior de cada um. Nesse sentido, é melhor que se deixe de lado qualquer tentativa de administrar a motivação de quem quer que seja.

Em muitos casos, nem a própria pessoa tem absoluta certeza sobre a direção a seguir para restabelecer seu equilíbrio pessoal, isto é, para onde está sendo levada por seus verdadeiros organizadores do comportamento motivacional.

Somente a motivação intrínseca é compatível com certos procedimentos administrativos valorizados na atualidade como os voltados à qualidade total. O condicionamento, por outro lado, é incompatível com as propostas da qualidade. Ele pode aumentar a velocidade produtiva das pessoas, como no caso da premiação em vendas, mas compromete a qualidade do atendimento, o que em médio e longo prazos faz enxugar a carteira de clientes. A motivação extrínseca é eficaz somente em fazer com que as pessoas não se envolvam no que estão fazendo.

Quando se fala do processo consciente da motivação, acredita-se que a pessoa saiba que determinada ação lhe facultará chegar a uma recompensa específica. Isso implica aceitar que certo tipo de ação seja o meio do qual se dispõe para chegar a um desejado objetivo. Nesse processo mais consciente, os seguintes aspectos entram em ação:

Nível de expectativa: representa aquilo a que se pretende chegar despendendo certo grau de esforço. Esse nível está necessariamente ligado à estimativa da probabilidade de sucesso passível de ser atingido tomando por base a capacidade de esforço de cada um.

Instrumentalidade: está ligada ao tanto de probabilidade que se tem de receber a recompensa almejada, probabilidade esta estimada pelo próprio indivíduo tendo em vista a conquista do objetivo.

Valência: diz respeito ao valor que o indivíduo atribui à recompensa em dado momento. A maior ou menor probabilidade será o ponto de partida para se estimar o valor da recompensa. Assim, o nível de satisfação a ser obtido está ligado à percepção que cada um tem da resposta que o meio ambiente oferecerá como retribuição aos esforços despendidos por uma pessoa.

Também conhecida como VIE (Valência, Instrumentalidade e Expectativa), essa forma de compreensão do processo motivacional é criticada por certos autores, tais como Michel,[10] por exemplo, à medida que afirmam ser esse esquema insuficiente para explicar o aspecto existencial da relação entre a motivação e a construção de uma identidade pessoal. Outra crítica é que tal enfoque não leva em conta as possíveis distorções do intelecto humano no processo de percepção da realidade na qual as pessoas se sentem envolvidas.

Auto-Estima é a Grande Meta

Sendo a motivação uma dinâmica de caráter eminentemente interior, um ponto de partida importante é entender o sentido que as pessoas atribuem ao que fazem. Alguns pesquisadores, como Maccoby,[11] por exemplo, admitem que o trabalho seja o referencial que reata o homem ao mundo da realidade, fornecendo referências das quais necessita para conhecer quais expectativas, concepções ou ideais fazem ou não sentido para cada um. Conhecendo esse referencial é possível disciplinar talentos, buscar o domínio dos impulsos e aguardar o momento mais conveniente para chegar à recompensadora satisfação motivacional.

Alguém que se engaja em determinada atividade que faça sentido para si mesmo espera ser recompensado no sentido de fazer jus ao prazer de uma reputação. Isso significa reconhecimento, independência e acesso a um mundo melhor que possa ser considerado como um tipo de necessidade diretamente ligado ao potencial criativo já existente no interior de cada um. O desejo de trabalhar passa a representar uma necessidade de ordem afetiva que continuamente se submete ao império dos valores que representam o objetivo almejado.

Explorar os aspectos de ordem interior tem facilitado conhecer algumas faces não tão claramente perceptíveis na observação do dia-a-dia das pessoas. Esse aprofundamento mostra que uma das grandes metas que se perseguem é a preservação da identidade que cada um carrega consigo durante o passar dos anos. Isso equivale a conhecer o papel crucial do processo motivacional na busca do **porquê** de cada um proteger a si mesmo em busca da própria autonomia motivacional.

---

10. MICHEL, S. Op. cit.
11. MACCOBY, M. *Travailler, pourquoi? Une nouvelle théorie de la motivation.* Paris: Inter Editions, 1987.

Essa imagem individualizada que as pessoas buscam ter a respeito de si mesmas é que dá a cada uma delas parâmetros da própria valorização pessoal, também conhecida como auto-estima. Levy-Leboyer[12] deixa suficientemente claro que o conceito que cada um tem sobre si representa o principal ponto de partida de seu equilíbrio pessoal. A autora propõe textualmente que

> "quanto mais a estrutura do autoconceito for rica e complexa, mais o indivíduo contará com registros de identidade disponíveis, mais ele estará protegido contra os choques afetivos e mais tenderá ao equilíbrio; isso, é lógico, ocorre contanto que os diferentes aspectos da sua própria identidade estejam bem interligados".

Tal proposição supõe que a mudança comportamental não ocorra senão com certa lentidão e a partir do momento em que o indivíduo esteja desejoso que essa modificação ocorra.

Embora se acredite no processo de transformação das próprias atitudes, a imagem que cada um faz de si mesmo tem uma evidente continuidade. Por outro lado, a formação dessa individualidade é complexa e variada, uma vez que é composta de inúmeras representações de naturezas diferentes. O mais importante, no entanto, é caracterizado pela dimensão afetiva que leva à valorização de si mesmo, que é a auto-estima. Muito dessa auto-estima é também formado pelas informações que vêm das outras pessoas sobre cada um de nós.

Embora não muito conhecidos no Brasil, alguns estudiosos do comportamento humano nas organizações lançaram as bases do que preferiram chamar de motivação intrínseca. Nesse novo enfoque, a fonte de energia interior constitui um aspecto central, capaz de ativar o comportamento motivacional. Partindo dessa fonte, cada um segue seus próprios interesses. Para Deci,[13] a motivação intrínseca baseia-se nas necessidades inatas dos seres vivos na busca da competência e da autodeterminação. Ela supre de energia uma ampla variedade de comportamentos e processos psicológicos para os quais a principal recompensa são as experiências de realização e autonomia.

A colocação de objetivos a serem colimados é crucial para o processo de ajustamento individual e auto-estima. Fica claro, portanto, que a psicodinâmica motivacional tem um papel importante a desempenhar no processo de

---

12. LEVY-LEBOYER, C. Op. cit.

13. DECI, E.; RYAN, R. *Intrinsic motivation and self-determination in human behavior*. New York: Plenum Press, 1990.

ajustamento ou de desagregação da personalidade. Ser capaz de propor-se objetivos possíveis de serem atingidos favorece a autoconfiança.

Numa direção oposta à anterior, quando alguém se propõe àquilo que seja considerado como impossível de ser atingido pelo fato de não se possuir recursos pessoais para tanto, a sensação de fracasso experienciada pelo sujeito leva ao rebaixamento da auto-estima, o que representa uma séria frustração que, em última análise, muito freqüentemente precipita um estado interno no qual a auto-imagem é seriamente danificada. Estados interiores de permanente autodepreciação acabam por determinar o afastamento das pessoas da realidade na qual vivem, uma vez que essa realidade se torna difícil de enfrentar, pois representa a objetivação e o testemunho do fracasso pessoal.

Fica, assim, claro como o rebaixamento da auto-estima pode levar ao empobrecimento da auto-imagem, fazendo com que ela finalmente perca sua importância como referencial da valorização que cada um faz de si mesmo. Michel[14] propõe que

> *"se entende por auto-imagem a representação que cada um faz a respeito daquilo que é, seja quanto aos seus aspectos positivos, aos seus pontos fracos, aos seus comportamentos futuros, ou aos seus gostos ou possibilidades pessoais".*

Em última análise, a maior ou menor consciência que se tenha a esse respeito é que determina o nível de segurança pessoal ou a falta de confiança que cada um tem a respeito de si mesmo.

A observação que se faz do dia-a-dia de trabalho nas organizações deixa evidente que pessoas reconhecidamente desmotivadas demonstram baixo nível de confiança em si mesmas. Sendo esse sentimento desagradavelmente desgastante, para diminuir seu sofrimento as pessoas projetam sobre a organização a descrença que alimentam a respeito de si mesmas. Em circunstância nas quais as pessoas se sentem realmente motivadas, a projeção da auto-estima elevada faz da situação de trabalho um caminho para se chegar a níveis mais altos de satisfação e realização pessoal.

A percepção da realidade pode fazer-se sentir nos resultados da produtividade individual. Quanto maior for o ajustamento pessoal, mais fiel será a percepção que se chega a ter da realidade em que se vive e maior será, portanto, a probabilidade da adoção de comportamentos produtivos no contexto dessa realidade. As expectativas que se possui ao iniciar o compromisso de

---

14. MICHEL, S. Op. cit.

um novo emprego representam as próprias carências e necessidades motivacionais. Pode-se dizer, sem medo de errar, que o recém-admitido está plenamente motivado, uma vez que carrega consigo a esperança de que as situações a serem vivenciadas por ele nessa empresa representem fatores complementares de satisfação dessas carências. Conseqüentemente, nesse mesmo primeiro dia de trabalho é possível que se inicie um processo de frustração contínua ou desmotivação caso as condições de trabalho não sejam propícias à viabilização do atendimento das expectativas planejadas.

A partir do momento em que se instala o processo de desmotivação, caso não se faça algo para interrompê-lo, logo ela fará sentir seus efeitos nocivos. Trata-se de um processo não muito longo que ao final de três ou quatro meses leva ao esgotamento da antiga energia motivacional com a qual se começou a trabalhar. Meyer[15] estudou esse processo de desmotivação, localizado entre três ou quatro meses. A pesquisadora também acredita que possa existir uma variação do período de desmotivação, fato esse que se mostra dependente do tipo de escala de valores de cada um. O processo de desmotivação fará ir por água abaixo a auto-estima que cada um nutre por si mesmo. Começam aí os problemas que podem tornar-se mais graves com o passar do tempo, trazendo desconforto para o indivíduo em si e causando também, de forma mais ampla, danos ao clima organizacional.

Perigos da Desmotivação

A discrepância entre a realidade percebida pela pessoa desmotivada e a realidade concreta gera uma atitude interior de ameaça que pode, na maioria dos casos, instalar uma reação defensiva dela contra tudo e todos. O processo de distorção caracteriza-se por uma falsa percepção contra o sentimento de permanente ameaça, portanto trocar a visão que se tem da realidade em que se vive parece ser uma atitude de quem não consegue se ajustar a uma defesa válida. A partir desse momento entram em jogo processos sistemáticos de negação da realidade gerando, assim, entendimentos desvirtuados do que se passa no mundo em geral. A distorção dessa realidade parece aliviar, pelo menos temporariamente, o mal-estar produzido pelo falso ajustamento.

---

15. MEYER, M. *Six steps to demotivation*. USA: International Management, 1977.

As distorções perceptivas adotadas por longos períodos vão distanciando cada vez mais o indivíduo da possibilidade da adoção de comportamentos positivos e produtivos. Como Lucas[16] propõe:

> "A percepção **não** é a realidade. Percepção é percepção e pode ser ao mesmo tempo correta ou errada, boa ou má, útil ou inútil, dependendo do tanto que se esteja mais próximo da verdadeira realidade. Nossas percepções têm valor intrínseco somente quando correspondem de perto à realidade que nos cerca. Ilusões levam à confusão, inconsistência e sabotagem dos objetivos já estabelecidos."

Tais ilusões permeiam os comportamentos das pessoas mais do que normalmente queiram admitir. Elas estão por toda parte no ambiente em que se vive e têm o papel de ajudar, embora de maneira precária, a enfrentar as verdades desagradáveis.

A ilusão é uma falsa idéia ou concepção inadequada, uma aparência ou imagem irreal e enganosa. É o próprio Lucas[17] que acrescenta que *"as ilusões podem, em última análise, levar as pessoas a um ponto no qual elas não queiram mais ouvir a verdade"*. Assim, elas conseguem impedir que se promovam as mudanças necessárias na vida pessoal de cada um, o que, em grande parte, levará toda a organização a tornar-se também refratária à mudança. A partir do momento em que as ilusões passam a ser usadas de forma permanente, o próprio sujeito perde o controle sobre as mesmas, passando a considerar como verdadeiras as idéias que tem sobre si mesmo bem como a respeito do mundo que o rodeia.

Tratando-se de um equilíbrio instável, as ilusões são utilizadas, por exemplo, para que se consiga evitar o defrontamento com os problemas, conseguir chegar a um estado menos penoso produzido pelas dificuldades, evitar que o indivíduo não se sinta responsável pelo ocorrido, evitar conflitos e salvaguardar as pessoas de possíveis ataques e cobranças vindas do meio. Em última análise, essas ilusões são como que compradas pelas pessoas para que não lhes seja necessário refletir sobre o lado mau das organizações. Dentro disso, elas têm uma espécie de efeito anestésico a quem as assume a fim de não ter que atentar senão para aspectos bons do problema a ser enfrentado.

Analisando como as pessoas reagem diante de diferentes situações, muitas vezes se pode qualificar certos comportamentos como irracionais, pois esca-

---

16. LUCAS, J. R. *Fatal illusions*: shredding a dozen unrealities that can keep your organization from success. New York: Amacom, 1997. p. 8.
17. Idem, ibidem. p. 17.

pam ao habitual. São os comportamentos que não podem ser racionalmente compreendidos e muito menos explicados por um desencadeamento lógico de atitudes que mais chamam a atenção pelo fato de não se conhecer as possíveis justificativas para certas atitudes de falso ajustamento. Ao distorcer a realidade, as pessoas passam a enfrentar sérias ambivalências que lhes são altamente desgastantes. Em tais circunstâncias, cada uma delas, de um lado, é dirigida por suas fantasias pessoais que são a cristalização das percepções falsas e que levam também ao que se chama de falsa motivação. Por outro lado, tais pessoas se vêem compelidas a atender às solicitações do meio ambiente, consideradas, nesse caso, como de natureza perversa à tentativa de busca do equilíbrio pessoal.

Os comportamentos denominados irracionais têm, na maioria das vezes, origem na problemática individual e inconsciente de cada pessoa. Não sendo originados por acontecimentos presentes, acabam por manifestar-se a qualquer momento, determinando, assim, inconveniências comportamentais que com grande freqüência dificultam uma convivência mais produtiva. Isso poderá tornar o ambiente de trabalho bastante penoso, senão insuportável. Isso nos leva a entender como alguém que é considerado problema é antes de mais nada uma pessoa com problemas de ajustamento à realidade.

7

ASSÉDIO MORAL E ASSÉDIO SEXUAL*

Maria Ester de Freitas

Introdução

A palavra *assédio* remete-nos quase imediatamente a duas associações: a um conteúdo sexual e ao movimento politicamente correto norte-americano. Sem dúvida, esses aspectos estão intrinsecamente ligados ao tema, como veremos adiante, porém existe, atualmente, uma discussão de caráter mais amplo e mais sutil, que revela *nuances* de um fenômeno que não tinha nome nem endereço certos: o assédio moral.

O fenômeno em si não é novo, contudo sua discussão e sua denúncia, em particular no mundo organizacional, constituem, sim, uma novidade. Está ligado a uma esforço repetitivo de desqualificação de uma pessoa por outra, podendo conduzir ou não ao assédio sexual. Foi apenas em 1996 que surgiu um primeiro estudo sobre o assunto,[1] desenvolvido pelo sueco Heinz Leymann, pesquisador em Psicologia do Trabalho. Essa pesquisa envolveu diferentes categorias profissionais durante vários anos e levou à identifica-

---

* Artigo publicado originalmente na *RAE – Revista de Administração de Empresas*, São Paulo, v. 41, nº 2, p. 8-19, abr./jun. 2001.

1. Ver LEYMANN, Heinz. *Mobbing*: la persécution au travail. Paris: Seuil, 1996.

ção de um certo tipo de comportamento violento, denominado "psicoterror". Atualmente, em diversos países, médicos do trabalho, assistentes sociais de empresas, diretores de recursos humanos, comitês de higiene, segurança e condições de trabalho e sindicatos começam a se interessar pelo assunto.

Em 1998, a psiquiatra, psicanalista e psicoterapeuta familiar Marie-France Hirigoyen, com formação em "victimologia" nos Estados Unidos e na França, lançou o livro *Le harcèlement moral: la violence perverse au quotidien*,[2] que se tornou um *best-seller* em pouco tempo e abriu, definitivamente, o espaço para um grande debate, seja no mundo da família, seja no mundo do trabalho. As idéias desse livro inspiraram a revista francesa *Rebondir*,[3] especializada em questões sobre emprego, a realizar uma ampla pesquisa a respeito do tema em empresas francesas, cujos resultados trataremos ao final deste capítulo.

Estruturamos nosso estudo em três partes: (a) o assédio moral, (b) o assédio sexual e (c) práticas perversas nas organizações. Esperamos que ele desperte a consciência daqueles que se interessam pelas questões ligadas à subjetividade no universo organizacional e que se dedicam a desenvolver formas de torná-lo mais humano e mais decente, buscando reduzir práticas que degradam o ser humano e aviltam a potencialidade transformadora de seu trabalho.

Assédio Moral

Usaremos como referência básica as idéias apresentadas no livro de Hirigoyen para identificar alguns aspectos inerentes a esse processo.

Em nosso cotidiano, podemos defrontar-nos com situações que nos minam as forças e que podem arrebentar-nos; tais situações constituem verdadeiros assassinatos psíquicos, porém apresentam-se como uma violência indireta, em relação à qual muitos de nós, sob o pretexto da tolerância, nos tornamos complacentes, indiferentes e omissos. Em nosso dia-a-dia, não ousamos falar de perversidade; no entanto, as agressões reanimam um processo inconsciente de destruição psicológica constituído de procedimentos hostis, evidentes ou escondidos, de um ou vários indivíduos sobre o outro, na forma de palavras insignificantes, alusões, sugestões e não-ditos, que efetivamente

---

2. Ver Hirigoyen (1998).

3. Ver REBONDIR. *Harcèlement moral*, nº 85, p. 18-32, juin 2000. Número especial sobre assédio moral.

podem desestabilizar alguém ou mesmo destruí-lo sem que os que o cercam intervenham. O agressor pode engrandecer-se rebaixando o outro, sem culpa e sem sofrimento; trata-se da perversão moral.

Todos nós podemos, eventualmente, utilizar-nos de um processo perverso pontual (faz parte da nossa neurose dita normal), porém ele torna-se destrutivo pela freqüência e repetição no tempo. Alguns indivíduos não podem existir senão pelo rebaixamento de outros; é necessário arrasar o outro para que o agressor tenha uma boa auto-estima, para demonstrar poder, pois ele é ávido de admiração e aprovação, manipulando os demais para atingir esses resultados. A perversidade não provém de um problema psiquiátrico, mas de uma racionalidade fria combinada a uma incapacidade de considerar os outros como seres humanos. A maior parte dos agressores usa seu charme e suas faculdades adaptativas para deixar atrás de si pessoas fluidas e vidas devastadas.[4] Psiquiatras, juízes e educadores, não raro, caem nas armadilhas dos perversos, que se fazem passar por vítimas, quando na verdade, são pessoas habilidosas em desenvolver um comportamento predatório que paralisa o outro e o impede de defender-se. Geralmente, o assédio moral começa pelo abuso de um poder (qualquer que seja sua base de sustentação), segue por um abuso narcísico no qual o outro perde a auto-estima e pode chegar, às vezes, ao abuso sexual. O que pode começar como uma leve mentira, uma flagrante falta de respeito, torna-se uma fria manipulação por parte do indivíduo perverso, que tende a reproduzir seu comportamento destruidor em todas as circunstâncias de sua vida: local de trabalho, com o cônjuge, com os filhos etc.

A área chamada de "victimologia" é recente nos Estados Unidos; na França, com estatuto que dá direito a diploma universitário, ela existe desde 1994 e consiste em "analisar as razões que levam um indivíduo a tornar-se vítima, os processos de vitimação, as conseqüências a que induzem e os direitos a que podem pretender" (Hirigoyen, 1998, p. 11).

Ainda que nosso objetivo esteja diretamente relacionado com o universo organizacional, faremos uma breve descrição do assédio moral em seu aspecto privado, com o intuito de caracterizar melhor seus contornos, para, em seguida, apresentá-lo no contexto do trabalho.

Violência privada

A violência perversa exercida contra o cônjuge é, freqüentemente, negada ou banalizada, reduzida a uma simples relação de dominação. A simpli-

---

4. Ver DENIS, Paul. *Emprise et satisfaction*: les deux formats de la pulsion. Paris: PUF, 1997.

ficação psicanalítica consiste em fazer do outro um cúmplice ou mesmo o responsável pela troca perversa, negando a dimensão de dominação ou ascendência que paralisa a vítima e a impede de defender-se. Trata-se de mantê-la na dependência, frustrá-la permanentemente e impedi-la de pensar no processo a fim de tomar consciência dele; para tornar-se crível, é preciso desqualificar o outro e empurrá-lo a um comportamento repreensível.

Em situações de divórcios e separações litigiosas, o assédio manifesta-se no fato de os ex-amantes ou cônjuges não deixarem em paz sua "presa", invadindo-a com sua presença, esperando-a na saída do trabalho, telefonando-lhe dia e noite, com palavras ameaçadoras diretas e indiretas.

Às vezes, os próprios filhos não são poupados e tornam-se também vítimas de maus tratos psicológicos, que podem assumir vários aspectos: violência verbal, comportamento sádico e desqualificativo, rejeição afetiva, exigências excessivas e desproporcionais em relação à idade, ordens e cobranças educativas contraditórias ou impossíveis. Nos processos de divórcio, a agressão aos filhos acontece com agressão aos filhos do outro, que recebem toda a malevolência destinada ao ex, prendendo-os numa espiral. Palavrões e insultos costumam ser usados: "você não vale nada mesmo", apelidos desqualificativos como "lixo", "rejeito", "porção" ...

Ao lado da violência perversa que consiste em destruir a individualidade do outro, encontramos também famílias em cujo seio reina uma atmosfera doentia, feita de olhares equívocos, toques fortuitos, alusões sexuais. Nelas, a barreira das gerações não é clara, e não existem fronteiras entre o banal e o sexual. Não se trata de um incesto propriamente dito, mas um clima incestuoso, em que sopra o vento do incesto sem que ele tenha ocorrido. É o que a autora chama de "incesto *soft*", nada atacável do ponto de vista jurídico, mas a violência perversa está presente por meio de diversos sinais aparentes, como nas situações em que: (a) a mãe conta à filha de 12 anos os fracassos sexuais do marido e compara seus atributos com os de seus amantes; (b) o pai pede à filha para regularmente lhe servir de álibi, acompanhá-lo ou esperar no carro enquanto ele está com sua amante; (c) a mãe pede à filha de 14 anos para examinar-lhe os órgãos sexuais e verificar se eles têm algum problema; (d) um pai seduz as colegas da filha de 18 anos e as acaricia em sua presença. Assim, as crianças vivem em um ambiente doentio, sem terem o direito a ser crianças, sendo integradas como testemunhas da vida sexual dos adultos.

Assédio moral nas organizações

A relação perversa pode ser constitutiva na vida de um casal, visto que os parceiros se escolhem, mas esse não é o fundamento da relação numa empresa. O contexto é diferente, apesar de o funcionamento ser parecido. Nas organizações, a violência e o assédio nascem do encontro entre a inveja do poder e a perversidade. No mundo do trabalho, nas universidades e nas instituições em geral, as práticas de assédio são muito mais estereotipadas que na esfera privada e são também onde elas têm sido mais denunciadas por suas vítimas.

Mas do que se trata especificamente? De toda a "conduta abusiva que se manifesta notadamente por comportamentos, palavras, atos, gestos, que podem causar danos à personalidade, à dignidade ou à integridade física ou psíquica de uma pessoa, colocando em risco o emprego desta ou degradando o clima de trabalho" (Hirigoyen, 1998, p. 55).

Ainda que o assédio no trabalho seja tão antigo quanto o próprio trabalho, somente no começo da década de 90 é que ele realmente foi identificado como um fenômeno destrutivo do ambiente de trabalho, não só reduzindo a produtividade, mas também favorecendo o absenteísmo, devido aos danos psicológicos que envolve.

Relatamos antes que a pesquisa desenvolvida por Heinz Leymann, na Suécia, envolveu diversas categorias profissionais e que ele chamou "psicoterror" a essas manifestações malévolas. O assédio moral nas organizações, geralmente, nasce de forma insignificante e propaga-se pelo fato de as pessoas envolvidas (vítimas) não quererem formalizar a denúncia e encararem-na de maneira superficial, deixando passar as insinuações e as chacotas; em seguida, os ataques multiplicam-se, e a vítima é regularmente acuada, colocada em estado de inferioridade, submetida a manobras hostis e degradantes por longo período. Essas agressões, não infligidas diretamente, provocam uma queda de auto-estima, e, cada vez mais, a pessoa sente-se humilhada, usada, suja. Na verdade, essa situação é diferente dos conflitos que todo o grupo vive e que são parte do universo do trabalho. Uma observação mais ferina, em um dado momento de nervosismo ou de mau humor, não é significativa, especialmente se vem seguida de um pedido de desculpas pelo excesso. É a repetição das situações que vexam o outro e das humilhações sem nenhuma *nuance* que constitui o fenômeno destruidor.

Em grande medida, nessas horas, os colegas que presenciam esse tipo de ocorrência tendem a virar o rosto, não ver, seja por covardia, egoísmo ou medo. Exemplos de chefes medíocres, sádicos, histéricos, que gritam, jogam coisas, invertem os papéis acusando o outro por perda de documentos, esquecimento de agenda, criam armadilhas para ver o outro fracassar e depois poderem dizer: "eu não disse que você não daria conta do recado?", "viu como eu tinha razão em pensar que você é um incompetente?", "não sei como posso suportar trabalhar com alguém como você". Sentindo-se perseguido, descompensa em forma de agressão por uma falta mínima, absolutamente desproporcional, jogando o outro numa situação na qual ele estará destinado a cometer um erro, e, assim, justificar a agressão pelo erro e os insultos "merecidos". A tendência de omissão dos colegas é ainda maior quando o ataque é entre pessoas do mesmo nível hierárquico ou entre pares, justificando-a com frases como: "eles que são brancos que se entendam", "isto é briga de titãs", "eles que são grandes que se virem".

Em relação à vítima, em princípio, ela não traz nenhuma patologia ou fraqueza psíquica. Geralmente, é o assédio que desencadeia a reação, posto que a vítima reage ao autoritarismo. É, pois, a sua recusa a submeter-se à autoridade, apesar das pressões, que a designa como alvo. O assédio torna-se possível porque ele é precedido de uma desqualificação da vítima, que é aceita em silêncio ou endossada pelo grupo. Essa depreciação dá a justificativa *a priori* para a crueldade exercida contra ela e conduz a pensar que "ela merece o que lhe aconteceu", "ela estava pedindo por isto". Assim que o processo é detonado, a vítima passa a ser estigmatizada: diz-se que ela é difícil de se conviver, tem mau caráter ou é louca (temperamental, desvairada, irresponsável). Na verdade, o que ocorre é um deslocamento, que debita da personalidade da vítima aquilo que é conseqüência do conflito e se esquece o que a pessoa era antes dessa situação e o que é em outro contexto. Pressionada ao limite, não raro a vítima se torna aquilo que se diz dela e faz o que dela se espera. É evidente que uma pessoa assediada não pode produzir o seu melhor; ela é desatenta, ineficaz e sensível às críticas.

No ambiente de trabalho, estamos sujeitos a encontrar situações em que:

a) Um colega é agredido por outro colega: os grupos tendem a nivelar os indivíduos e a não suportar as diferenças (mulheres em grupo de homens, homens em grupo de mulheres, homossexuais, diferenças raciais etc.). Em um grupo tradicionalmente reservado aos homens, não é fácil para uma mulher chegar e se fazer respeitar; ela está sujeita a piadas grosseiras, gestos obscenos, desdém a respeito do que diz e faz, recusa em ter seu trabalho levado a sério. Parece um deboche, todo mundo ri, inclusive as demais mulheres presentes; é como se elas não tivessem escolha. Alguma organizações, empresas em particular, são incapazes de fazer respeitar os direitos mínimos do indivíduo e permitem que se desenvolvam o racismo e o sexismo em seu seio. Às vezes, o assédio é suscitado por um sentimento de inveja em relação a qualquer um que possua algo que os demais não têm (beleza, juventude, competência, riqueza, qualidades sociais). É também o que ocorre no caso de jovens superqualificados e diplomados que ocupam cargos em que têm como superior hierárquico alguém sem o mesmo nível de qualificações. As agressões entre colegas também podem encontrar suas raízes nas inimizades pessoais ligadas à história dos protagonistas ou na competição, numa tentativa de fazer valorizar-se à custa do outro. Às vezes, o apoio do superior para resolver a questão pode reforçar o problema, abrindo espaço para acusação de favoritismo e favores sexuais. Se não existe um clima de confiança, é impossível pedir apoio do superior (ainda se corre o risco de ouvir algo como "só você mesmo para ter uma idéia dessas").

b) Um superior é agredido pelo(s) subordinado(s): trata-se de um caso muito mais raro, porém passível de ocorrer. Por exemplo, no caso de profissionais expatriados, e em que uma pessoa vem do exterior, tem seu estilo e métodos reprovados pelo grupo, mas não faz esforço para adaptar-se ou impor-se. Pode também ser um antigo colega, que foi promovido sem que os demais tenham sido consultados. De qualquer maneira, não se levou em consideração a opinião do pessoal com quem essa pessoa iria trabalhar. Ações ou omissões como não-entrega de correspondência, extravio de documentos e processos, escutas telefônicas privadas, não-entrega de recados são peças rasteiras comuns nesses casos. Se, por acaso, essa pessoa reclama ao seu superior, pode ser acusada e responsabilizada por não saber comandar ou não estar à altura do cargo em questão. Pode ainda ocorrer quando um subordinado tem acesso privilegiado aos pares do superior e utiliza esse acesso para fazer fofocas, construir intencionalmente mentiras sustentadas em alguns fatos reais para dar-lhe credibilidade, difamar ou caluniar o outro. Dificilmente, nesses casos, a vítima toma conhecimento dos detalhes pelos seus pares que proporcionaram a oportunidade desse acesso, o que torna quase impossível para a vítima fazer sua defesa perante esse público, sem deixar de mencionar que a tirania do mais "fraco", aqui vai servir ao agressor de escudo, caso haja uma tentativa direta de confronto.[5]

---

5. Agradeço a Greice Yamaguchi a experiência pessoal com que ela me proporcionou essa lição. Apesar de ela não ser uma subordinada minha e de não ter mais ligação direta com a instituição na qual trabalho, o fato de ter acesso privilegiado a colegas de uma instituição parceira favorece a semelhança com o caso da subordinação, o que me motivou a estudar melhor esse fenômeno. Escrever sobre o assunto me parece a melhor defesa, especialmente por poder divulgá-la no mesmo fórum do ataque.

c) Um subordinado é agredido por um superior: é o caso mais freqüente, especialmente no atual contexto, em que o medo da perda do emprego está presente e transforma-se numa alavanca a mais para provocar situações dessa natureza. Algumas empresas fazem vistas grossas em relação à maneira tirânica com que alguns chefes tratam seus subordinados, para quem as conseqüências podem ser pesadas. O abuso de poder, ou a necessidade de um superior esmagar os outros para sentir-se seguro, ou, ainda, ter a necessidade de demolir um indivíduo como bode expiatório são exemplos dessa modalidade.

Como o agressor impede a vítima de reagir

Mencionamos que a atual ameaça ao desemprego gera uma facilidade a mais para a ocorrência de situações degradantes nas organizações, porém essa ameaça por si só não explica a submissão das vítimas ao assédio. Existem algumas medidas perversas, que se constituem em verdadeiras armadilhas e tornam mais difícil seu combate. São elas:

a) Recusar a comunicação direta: o conflito não é aberto, ainda que diariamente expresso por atitudes de desqualificação; essa negação paralisa a vítima, que não pode defender-se, pois, como o ataque não é explícito, ela não sabe definir bem contra o que deve lutar. Nesse registro de comunicação, dificulta-se que a vítima pense, compreenda e reaja. É uma maneira de dizer sem usar palavras, e como nada foi dito, não pode ser repreendido. Isso pode ainda ser agravado quando a vítima tem propensão a se culpar: "o que eu fiz a ele?", "o que ele tem a me censurar?", "por que eu mereço este ódio todo?". É como se o agressor estivesse dizendo: "querida, eu gosto muito de você, mas você não vale nada".

b) Desqualificar: não é uma agressão aberta que permite a réplica ou o revide, ela é praticada de maneira subjacente, sutil, insinuante e não-verbal: suspiros, dar com os ombros, olhares de desprezo, fechar os olhos e balançar a cabeça, alusões desestabilizadoras ou malévolas, que podem levar progressivamente os demais a duvidar da competência profissional da vítima. A própria vítima tem, às vezes, dúvidas sobre a sua percepção, fica a se perguntar se compreendeu bem, se está exagerando, se está sendo muito sensível ou paranóica. Muitas vezes, a desqualificação vem na forma de não olhar o outro, não cumprimentá-lo, falar da pessoa como se se referisse a um objeto, trocar de nome, dizer para uma terceira pessoa na frente da vítima: "como você vê, é preciso alguém ser muito medíocre ou idiota para fazer algo assim ou usar roupas assim..." As críticas são dissimuladas em brincadeiras, piadas, troças, zombarias, sarcasmos. A linguagem é pervertida. Se a vítima reponde, pode ouvir uma réplica: "tudo não passa de brincadeira, ninguém jamais morreu por causa de uma brincadeira". As palavras escondem mal-entendidos que retornam contra a vítima.

c) Desacreditar: basta uma ligeira insinuação "você não acreditará se eu disser que fulano..." e construir um argumento falso, um amontoado de mal-entendidos, de não-ditos. Existe ainda um esforço em ridicularizar o outro, em humilhar, cobri-lo de sarcasmo até fazê-lo perder a confiança em si. Às vezes, também são usadas difamações, calúnias, mentiras e subentendidos maldosos. Quando a vítima está esgotada ou fica deprimida, isso justifica o assédio "isto não me surpreende, sempre soube que essa pessoa era louca".

d) Isolar: quebrar todas as alianças possíveis. Quando se está só, é mais difícil de se rebelar, especialmente se alguém crê que o mundo está contra si. A vítima almoça sozinha na cantina ou restaurante, não é convidada para as reuniões informais, pode ser privada de informações e até de reuniões formais. É posta em quarentena; atualmente, no mundo informatizado, esse isolamento pode surgir em forma de retirada de acessos privilegiados no computador da empresa.

e) Vexar – constranger: dar-lhe tarefas inúteis e degradantes, fixar objetivos inatingíveis, solicitar trabalho extra (à noite ou no fim de semana) e depois jogá-lo no lixo.

f) Empurrar o outro a cometer uma falta: é uma maneira hábil de desqualificar para, em seguida, criticar a vítima e justificar seu rebaixamento, além de levá-la a ter uma má imagem de si mesma. É fácil, com uma atitude de desprezo e de provocação, levar o outro a um comportamento impulsivo ou colérico, agressivo e depois dizer "vocês viram, esta pessoa é desequilibrada e perturba o trabalho; quantas vezes eu já não disse?"

g) Assediar sexualmente: faz parte do assédio moral. Nos Estados Unidos, o assédio sexual é reconhecido como discriminação sexual desde 1976. Na França, é caracterizado como uma infração apenas se trouxer uma explícita chantagem de demissão. Veremos, em nosso próximo item, como o aspecto sensual da cultura brasileira pode facilitar o reconhecimento do assédio como a negação da cantada (essa sim, valorizada culturalmente) e ter potencial para inibir sua prática.

Assédio Sexual[6]

Ouvimos, com freqüência, que o politicamente correto dos norte-americanos está contaminando o Brasil e o resto do mundo. É bem verdade que os Estados Unidos conseguem exportar os subprodutos de sua cultura com relativa facilidade, causando, desse modo, alterações nos padrões culturais das demais sociedades contemporâneas.

Não é relevante discutir o quanto há de excessos ou de paranóias coletivas encarnadas no politicamente correto em sua versão original; o importante é ressaltar o espaço que esse movimento abriu para uma discussão de uma série de assuntos, que antes só tinham como resposta a indiferença ou o desdém. Não endossamos o sentido policialesco, o eufemismo lingüístico ou a indústria de indenizações que percebemos como traduções do significado do politicamente correto. Cada sociedade possui suas doenças sociais particulares, trazendo em si também o potencial para a cura de seus males: os movimentos sociais podem ser sinais da maneira como uma sociedade está lidando com as doenças instaladas em seu corpo, mesmo quando há exagero na dose do remédio.

Confunde-se o assédio sexual, assim como o moral, com um modismo. Também em relação a ele a prática não é nova, a novidade é a busca de discussão, de punição, de criminalização. À medida que as sociedades se democratizam, os indivíduos, aliados ao maior acesso à informação, ficam mais conscientes de seu papel como cidadãos, tornando mais difícil a convivência com práticas repressivas e autoritárias. O direito de recorrer de uma decisão ou prática injusta, ou considerada injusta, é garantido em quase todas as sociedades modernas.

Assédio sexual não é novidade

A maior participação da mulher no mercado profissional e a maior liberação dos costumes provocaram uma reviravolta nos domínios anteriormente masculinos, especialmente nos locais de trabalho. Há bem pouco tempo, a mulher que trabalhava fora do lar era considerada uma séria candidata a "vadia", pois a moral da época interpretava que, para a mulher vencer uma seleção ou merecer uma promoção, era condição *sine qua non* ter de se sub-

---

6. Parte das idéias aqui expostas for publicada no artigo Assédio sexual: a proposta perversa, de Maria Ester de Freitas, *RAE Light*, São Paulo, v. 3, nº 3, p. 4-9, jul./set. 1996.

meter ao famoso "teste do sofá". Quanto mais uma mulher era bem-sucedida no trabalho, mais era malvista e caluniada. As mães eram contra a vontade de suas filhas de trabalharem fora, os pais se sentiam ofendidos, os possíveis maridos ficavam assustados com a imagem e os comentários que os amigos fariam sobre suas "noivinhas".

Com muito trabalho, dedicação e paciência, as mulheres conseguiram ampliar sua participação no mercado, e, hoje, uma visão distorcida como a descrita tem perdido espaço, ainda que não tenha desaparecido completamente; afinal, continuamos vivendo em uma sociedade machista, e o machismo não é uma mentalidade exclusivamente masculina. A necessidade de complementação do orçamento doméstico presente na vida de boa parte dos casais e maior reivindicação de direitos iguais entre os gêneros conduziram à aceitação maior ou mesmo à "naturalização" da presença da mulher nos ambientes de trabalho, porém isso não significa, necessariamente, que essa presença seja confortável e que tudo se passe sem conflito e mal-estar implícitos. Em boa medida, persiste ainda uma aura de "mal necessário" ou de "a gente tem de engolir".

Algumas profissões eram particularmente consideradas de alto risco e muito sujeitas à vitimação potencial do imaginário coletivo, que gravara algumas relações como "inevitáveis": o médico e a enfermeira, o professor e a aluna, o diretor e a atriz, o chefe e a secretária. Normalmente, essa relações acontecem entre um superior e um subordinado, sendo, quase sempre, o primeiro elemento do sexo masculino.

Quando retrocedemos um pouco mais no passado, e especialmente no passado escravagista brasileiro, encontraremos o senhor, dono não apenas do trabalho, mas também do corpo e alma de sua serva. Não podemos dizer que a relação senhor-escrava era da mesma natureza do assédio, pois nela a imposição do domínio trazia implícita a noção de desobediência paga com a morte, o que justifica o pensamento, ainda hoje, de algumas correntes ligadas ao movimento negro brasileiro, que consideram "cada mulato ou moreno como fruto de um estupro".[7] A versão intermediária é dada pela relação do patrão ou de seu filho com a empregada doméstica, que poderia "optar" entre o estupro ou a ameaça de dispensa, prática comum na nossa história e que dá origem à expressão popular "ter um pé na cozinha". É do conhecimento de todos que o brasileiro das gerações passadas fazia sua iniciação

---

7. O grupo Ilê-Ayê, de Salvador, tem esse entendimento sobre a questão, o que se traduz em sua política de não-miscigenação dentro do grupo, isto é, ele é composto exclusivamente por negros.

sexual nos prostíbulos ou com as domésticas a seu serviço; no primeiro caso, era prostituição; no segundo, assédio.

Portanto, a questão do assédio sexual não é uma prática nova no Brasil ou uma prática considerada uma conseqüência do desenvolvimento econômico dos últimos anos. É bem verdade que, conforme aumenta a participação da mulher no mercado de trabalho, cresce também sua exposição ao risco. Também é verdade que, cada vez mais, a mulher tem sabido merecer o respeito e a admiração de seus chefes e pares. Eles reconhecem que a presença crescente da mulher nos locais de trabalho modificou as feições das organizações e sacudiu o universo masculino de diversas formas, pois a mulher tem a preocupação de estar sempre aprendendo, além de precisar provar ser mais competente que um homem, mesmo quando ocupam cargos semelhantes.

Assédio sexual não é cantada, é chantagem

O aspecto mais visível ou óbvio nas situações de assédio sexual é que, geralmente, não se trata de relações entre iguais, entre pares, nas quais a negativa pode ocorrer sem maiores conseqüências para quem está fazendo a recusa. Verificamos, ainda, que o assédio sexual é entre desiguais, não pela questão de gênero masculino *versus* feminino, mas porque um dos elementos da relação dispõe de formas de penalizar o outro lado. Constitui não apenas um convite constrangedor, que produz embaraço e vexame – pois um convite, por mais indelicado que seja, pode ser recusado –, mas também explicita a diferença entre convite e intimação, entre convidar e acuar o outro.

Se uma proposta não aceita uma negativa, ela é qualquer outra coisa, exceto um convite. É como se estivéssemos diante de uma situação que só apresenta duas alternativas: a cruz ou a espada. O que está sendo sugerido não é um prazer, nem uma relação gratificante, mas um preço que deve ser pago por B para que A não o prejudique, como em uma chantagem, só que nessa situação o preço é sexo. O que de fato é proposto no assédio é uma relação sexual para evitar inconvenientes na relação de trabalho.

Não há nenhuma novidade histórica no fato de considerarmos o sexo como uma moeda de troca e sua utilização remunerada como prostituição. No entanto, o sexo pago ainda parece mais honesto que o assédio, pois uma prostituta pode recusar um cliente sem ter o seu emprego em xeque. Quando A oferece dinheiro a B por uma relação sexual não é assédio, é uma proposta de prostituição.

Seria o assédio sexual uma cantada? Ora, a cantada é uma proposta habilidosa, visando convencer o outro. Utiliza-se de rodeios, floreios, elogios, promessas, sugestões etc. para que o outro concorde com um relacionamento amoroso. Existe aí uma intencionalidade em buscar a cumplicidade, diferentemente do assédio. A cantada é do signo da sedução e o assédio da ordem autoritária, perversa; a primeira promete um acréscimo, a vivência de uma experiência luminosa; o segundo promete um castigo se não for atendido em suas investidas.

Um sedutor é sempre um narciso que diverte, fascina e comove, ao contrário do assediador; pois se um homem (ou mulher), para conseguir uma relação sexual, precisa ameaçar alguém, ou necessita ter uma relação que vitima alguém, ou ainda, precisa forçar alguém a uma inferioridade para sentir-se excitado(a), esse indivíduo abriga uma mente perversa,[8] doente e frágil, apesar das demonstrações em contrário.

Não estamos discutindo a pertinência do interesse sexual: o ser humano é um ser sexual por natureza. Também não estamos debatendo o fato de esse interesse ocorrer no ambiente de trabalho; afinal, as organizações podem tentar que as pessoas sublimem boa parte de suas pulsões, mas não existe nada que garanta que elas sempre o consigam. As pessoas dentro das organizações são ainda seres sexuais, com desejos e fantasias; é impossível dessexualizar as pessoas, mesmo quando se usa um ambiente asséptico e estéril como no caso das organizações. O que está subjacente a essas idéias é o fato de alguém usar suas prerrogativas, sua posição na organização e os instrumentos que domina para chantagear com fins pessoais. Nesse sentido, as organizações podem desenvolver políticas capazes de inibir esse tipo de prática, não apenas por uma questão de respeito humano (o que em si já é um bom motivo), mas porque esse tipo de comportamento produz resultados nocivos palpáveis para si próprias. As organizações são intrinsecamente espaços de comportamento controlado e é do seu absoluto interesse coibir atitudes que possam prejudicar seu melhor rendimento e sua imagem. Logo, a questão do assédio sexual é, sem sombra de dúvida, um problema organizacional.

Assédio sexual não é sedução

Relatamos que a cantada é do signo da sedução porque insinua uma promessa de aventura não apenas sexual, mas amorosa. A sedução é desvio,

---

8. No sentido usado em Laplanche e Pontalis, *Vocabulaire de la psychanalyse*, 12. ed. Paris: PUF, 1994. p. 306-309.

é transgressão, mas é também o atrair, encantar, fantasiar, prometer o paraíso, é prender o outro em seu próprio desejo. A linguagem é um acessório essencial ao desempenho de um sedutor; não raro o sedutor é um poeta ou alguém que utiliza a linguagem como um mágico manobrando sua cartola. Vejamos, ainda que de forma breve, o que era (ou ainda é) a linguagem para alguns dos grandes sedutores do Ocidente.

Don Juan é, em qualquer de suas versões,[9] um homem de conversa ligeira e fascinante, que só existe enquanto força de expressão e convencimento; sua capacidade comunicativa, ou a lábia que confunde os espíritos, é sua espada. Visto que para ele a conquista é mais importante que o próprio ato sexual, Don Juan só existe como processo de sedução, isto é, na escolha e no uso da linguagem sinuosa, que promete o amor eterno que ele sabe não ser capaz de dar. Don Juan quer ser amado profundamente, mesmo sabendo que jamais poderá oferecer reciprocidade: ele quer ser o único para cada uma de suas mulheres, ainda que elas representem para ele apenas uma vitória materializada numa lista que alimentará sua conversa com seu camareiro-ouvinte-duplo.[10] Don Juan só existe na sedução de suas mulheres e nas histórias que ele conta sobre elas, saboreando cada ínfimo detalhe.

Casanova,[11] diferente de Don Juan, é um personagem histórico vivo e localizável no tempo, dono de sua voz e que assume seus próprios sentimentos. Se a palavra é também fundamental em Casanova, ela é complementada por um real interesse e paixão que ele desperta nas mulheres, mas que também sente por elas, bem como pela vida em geral. Casanova conquista porque se apaixona e sofre por sua paixões, porém tem o caráter inconstante, aventureiro e volúvel, sendo sempre infiel. A linguagem em Casanova não é apenas verbal, mas ainda se expressa na vaidade com que cuida de suas vestimentas e alimentação, assim como no genuíno prazer das suas relações sociais e intelectuais, ou seja, mesmo que as mulheres sejam o centro da vida de Casanova, ele sente enorme prazer na convivência com a beleza, em usufruir de bons alimentos e bons livros, em apreciar o teatro e em uma boa conversa. Casanova é um intelectual respeitado e aceito nos círculos artísticos, literários e políticos. Preocupa-se em encantar com uma conversa rica, inteligente e divertida não somente as mulheres, mas todos os interlocutores

---

9. Don Juan é um personagem literário, histórico. Existem diversas versões do mito de Don Juan, sendo as mais famosas: Tirso de Molina, Molière, José Zorrila, Mozart, Lord Byron e Kierkegaard.

10. Ver RANK, Otto. *Don Juan et le double*. Paris: Payot, 1973.

11. Ver CASANOVA. *Memórias*: escritas por ele mesmo. Rio de Janeiro: José Olympio, 1956/1959. 10 v.

que cruzam seu caminho. A linguagem em Casanova é muito mais ampla que em Don Juan, pois o primeiro inclui o outro, é aberto ao mundo, enquanto o segundo é aberto apenas a si próprio, conversa somente consigo mesmo.

Mas, em nossa opinião, não é Don Juan, nem Casanova, quem leva a linguagem (na qual a sedução e, portanto, a cantada se incluem) tão longe. É Johannes, de Kierkegaard,[12] que dá toda a importância e vida ao aspecto estético da linguagem sedutora, sustentado numa correspondência[13] profícua com sua Cordélia. Diferente de Don Juan e de Casanova, Johannes não é volúvel nem inconstante, aliás, ele é sedutor de uma única mulher, porém faz dela seu desafio, alegria, desespero e troféu. Considera sua missão despertar a poesia estética que só a paixão pode fazer emergir. Ele "constrói" cada carta como um argumento precioso, que deve tocar determinadas veias sensíveis até que Cordélia seja toda a sensualidade sensual. Johannes nunca dormiu com ela, nem tampouco está interessado num amor carnal, mas, sim, em despertar o desejo dela em seus esconderijos mais profundos. Johannes ama Cordélia e usa a experiência estética da linguagem poética para produzir em sua alma a vontade de uma entrega absoluta, em que, é claro, a maldição tem lugar cativo.

Tendo como referência esses breves comentários sobre quem o mundo ocidental considera seus grandes sedutores, o título desse item é auto-explicativo. Nenhum assediador se dá ao trabalho de usar a linguagem sedutora como um instrumento para conseguir seus intentos. Mesmo se considerarmos que os tempos são outros, mesmo que a linguagem tenha se modernizado, mesmo que as pessoas sejam hoje mais diretas e objetivas em suas abordagens, a linguagem ainda é – não importa a roupa que ela vista – o que diferencia o homem inteligente do burro ou do simplesmente esperto, o homem sensível do arame farpado, o ser intenso do balão de gás, o profundo do videoclipe, a verdade da máscara. A linguagem pode esconder, mas, sobretudo, ela revela e revela mesmo o que esconde. O assediador sexual utiliza-se de peças rasteiras como revistas ou publicações pornográficas, gestos e palavras obscenas, insinuações de humor duvidoso e maldoso, propostas de erotismo sujo.

---

12. Ver KIERKEGAARD, Sorel. *Le journal du sèducteur*. Paris: Gallimard, 1943. Col. Folio/Essais, nº 94.

13. Também em De Laclos, *Ligações perigosas*, são as cartas o meio pelo qual a relação entre os amantes (Valmont e Marquesa de Merteuil) é sustentada.

Sedução é um processo rico, que viaja fundo nos desejos e fantasias dos envolvidos; é um jogo de papéis alternados, que pressupõe um ritual cuidadoso, fundado na promessa de uma experiência extraordinária, confundindo fantasia com desejo.[14] Seduzido e sedutor são papéis intercambiáveis e partes do mesmo jogo, lados diferentes da mesma moeda, complementos do mesmo sonho.

Assédio sexual e cultura brasileira

Quando pensamos na cultura brasileira, vêm-nos à mente algumas de suas características mais marcantes: a sinuosidade; a linguagem com entrelinhas; o erotismo e a sensualidade expressos nas vestimentas, na música, na dança e nas conversas ambíguas; a busca de intimidade, a mania de tocar o outro, a informalidade, a confidência fácil; a saída ou os escapes do "deixa-disso".

Nós, brasileiros, somos mais do contorno que do confronto, somos mais dos atalhos que das linhas diretas, somos mais das saídas silenciosas que da voz que alardeia o escândalo, o que, às vezes, significa "simplesmente abafar o causo", "fingir que não viu". Esses escapes, na verdade, mascaram a velha estratégia da omissão, que pode ser nada mais que uma roupa mais bonita para a conhecida covardia.

Por outro lado, nossa veia sensual aprecia uma piada e uma conversa com uma dose de malícia ou gosto picante; nossa musicalidade verbal e corporal diverte-se com um gingado cheio de graça e sinuoso; as referências eróticas em nossa linguagem diária e a beleza sensual de nossas danças divertem-nos. Achamos que, em princípio, todo mundo pode cantar todo mundo, desde que receba a negativa, se ela vier, com esportividade, que a pessoa saiba perder e se retirar de campo sem alarde, sem ressentimentos. Enfim, podemos dizer que a sociedade brasileira, ainda que machista, não é puritana e temos até orgulho de acariciar uma pequena ousadia, pensando, como na música de Chico Buarque e Ruy Guerra, que "não existe pecado do lado de baixo do Equador".

Esses atributos dos filhos e filhas das terras *brasilis* fazem-nos duvidar se a moda do politicamente correto norte-americano pegaria aqui com força.

---

14. Ver SIBONY, Daniel. *Sedução*: o amor inconsciente. São Paulo: Brasiliense, 1991 e, sobre a linguagem escorregadia dos signos fugitivos, consultar especialmente: BAUDRILLARD, Jean. *Da sedução*. Campinas: Papirus, 1991.

Certamente, a versão brasileira é muito, muito mais suavizada. O conceito de assédio sexual nos Estados Unidos é bem mais amplo que aqui. Lá, por exemplo, um olhar pode caracterizar uma tentativa de assédio e gerar um processo judicial. Impensável, na cultura brasileira, proibir alguém de olhar para alguém de maneira sugestiva ou que isso possa levar alguém para a cadeia; aliás, se isso fosse possível, a inventividade brasileira encontraria uma fórmula de driblar a ofensa; talvez simplesmente todo mundo passasse a usar óculos escuros, por exemplo. A noção de "uma cantada" é, por outro lado, muito mais elástica no Brasil do que nos Estados Unidos seria considerado como socialmente apropriado. No entanto, os brasileiros (e talvez uma parte considerável da população do planeta) consideram os norte-americanos, especialmente depois do sucesso de mídia vivido por Bill e Monica, como apresentando alguns traços de puritanismo conveniente no qual algumas definições óbvias são relativizadas ou *nuancées,* a depender dos interesses que seu significado objetivo e aceito por todos possam ferir num dado momento. Nesses casos, em que a linguagem é convenientemente modificada para atenuar conseqüências, o entendimento geral é que se trata de uma deslavada hipocrisia ou, no mínimo, da estratégia de tratar os demais como retardados mentais na base do "acredite se quiser".

A mulher brasileira, em geral, sabe fazer a diferença entre o que é uma cantada e uma proposta imoral, além de saber usar o humor para sair da cantada indesejada; aliás, essa capacidade humorística é uma das características admiráveis dos brasileiros, segundo o olhar de estrangeiros. A mulher não precisa mais que algum dos homens da família venha em seu socorro para defender-lhe a honra ofendida por uma proposta indecente, ela mesma costuma dar a resposta afiada, ferina, dissimulada ou graciosa. Também aí os homens hoje reconhecem e apreciam a valentia ou a espirituosidade nacional.

Posto isso, acreditamos que a cultura brasileira, com sua riqueza erótica e sensual, sua malícia assumida e seu deslavado bom humor picante, trata o assédio como algo nocivo e condenável, além de colocar em risco um traço cultural extremamente valorizado, considerando-o como o lado sujo da cantada.

Fique claro que uma cantada é algo pessoal, uma tentativa sedutora de conseguir um envolvimento amoroso e sexual, e o assédio uma questão eminentemente organizacional, já que necessita da estrutura de poder para sustentar-se e ameaçar o outro. Confundir um com o outro é deslocar o eixo do problema e, portanto, sua possibilidade de resolução. A sociedade, em geral, é hoje menos complacente com a estratégia do avestruz do passado, mesmo aquelas sociedades, como a nossa, que preferem contornar a confrontar os conflitos.

Assédio sexual e organizações

Dificilmente, encontraremos uma organização onde não tenha ocorrido pelo menos um caso de assédio sexual. Infelizmente, também será difícil encontrarmos uma organização em que o tratamento utilizado não envolveu o desligamento da vítima, ainda que "espontâneo".

O assédio sexual é um caso que provoca tristeza, revolta e indignação. Entristece por seu lado patético, pequeno, mortal, miserável; revolta pela facilidade com que ocorre e provoca indignação pela impunidade que o cerca. Impunidade que vem seja pela indiferença, seja pelo escárnio. O esperto humilha publicamente sua vítima duas vezes. O brasileiro adora falar sobre sexo, mas não do sexo conflitual e daí à tendência de banalizar a questão, é só um passo. Mais uma vez, nosso lado cultural escapista surge em socorro de um perverso.

Na lei brasileira, não existe ainda a figura do assédio sexual; assistimos a uma grande discussão sobre as alterações que deverão ser feitas no novo código penal, em substituição ao que está em vigor desde 1940 e que não mais reflete uma boa parte dos problemas da modernidade. Existem várias propostas, inclusive de crime passível de multa ou prisão que varia de seis meses a dois anos; muitos advogam que a Justiça do Trabalho seria mais eficiente e adequada para tratar do assunto, visto que forçaria as empresas a encarar o problema. Como o assédio ainda não aparece na CLT nem no Código Penal, as raras ocorrências são registradas nas delegacias como "perturbação da tranqüilidade" ou "constrangimento ilegal". Um dos textos propostos considera crime "assediar alguém com violação de dever do cargo, ministério ou profissão, exigindo, direta ou indiretamente, prestação de favores sexuais como condição para criar ou conservar direito, ou para atender a pretensão da vítima".[15]

Independentemente dos desdobramentos jurídicos e legais que possam vir a ser consubstanciados na lei, acreditamos que as organizações tenham ou deveriam ter um grande interesse em controlar esse tipo de ocorrência em seu interior. Admitimos todos que não é uma questão fácil, mas muitos concordam que é uma questão necessária. Existem formas de as organizações assumirem a vanguarda nesse aspecto e não esperarem que esse tipo de situação precise, necessariamente, ser intermediado pela Justiça.

Uma boa parte das organizações tem interesse em desenvolver ambientes internos e externos saudáveis, onde o respeito à dignidade do outro não

---

15. Ver reportagem especial da revista *Isto É* (Moraes, 1999, p. 85).

seja apenas um discurso vazio, mas algo materializado em seu cotidiano. Sabemos que as organizações modernas buscam construir uma imagem de seriedade, de respeitabilidade, de confiança, de comunidade, que se fundamenta em diversos pilares.[16] Portanto, existem meios dentro das organizações para disseminar políticas contra esse tipo de prática, "apenas" é necessário que pessoas e organizações se conscientizem que o assédio sexual não é definitivamente uma brincadeira de mau gosto, nem uma birra pessoal, nem uma tara incontrolável, nem um ato inconseqüente, muito menos uma cantada infeliz.

Não negamos, absolutamente, o papel dos tribunais, mas pensamos que as organizações de hoje estão mais preparadas para lidar com essa questão que suas antecessoras dos anos 60, 70 e 80. Existe uma evidente preocupação com a qualidade do ambiente, dos relacionamentos, até porque as empresas têm hoje uma necessidade vital de ganhos de produtividade e de elevação do nível de comprometimento de seus "colaboradores". Algumas circunstâncias ou ações que ocorrem na vida das pessoas e também das organizações são apenas contas de débito, ou seja, se não ocorrem não melhoram em nada a situação, porém, se acontecem, causam grandes prejuízos. Nenhuma empresa tem seu desempenho ou imagem melhorados porque nunca ocorreu um assédio; por outro lado, quando ocorre algo dessa natureza, o estrago está feito; evidentemente, quanto maior for a divulgação, maior o dano.

Os departamentos de recursos humanos deveriam considerar esse tipo de situação como um problema de sua jurisdição, buscando desenvolver políticas alternativas, encaminhando-as para discussão em todos os níveis organizacionais; a própria discussão já é uma forma de prevenir. Sem cair no descrédito que os excessos provocam, uma cultura organizacional pode incorporar – sem maiores traumas – as preocupações mais recentes da sociedade. Se a questão é do momento, ela é também de futuro, pois o contingente feminino tende a aumentar em todos os setores e em todos os níveis hierárquicos, além do reflexo direto de uma sociedade mais aberta, que tende a comportar diferentes arranjos amorosos; tudo isso eleva a possibilidade de que as organizações sejam, cada vez mais, um palco para esse tipo de ocorrência infeliz.

---

16. Ver FREITAS, Maria Ester de. *Cultura organizacional*: identidade, sedução e carisma. Rio de Janeiro: FGV, 1999. Ou, ainda, o artigo de FREITAS, Maria Ester de. Contexto social e imaginário organizacional moderno. *RAE – Revista de Administração de Empresas*, São Paulo, v. 40, nº 2, p. 6-15, abr./jun. 2000.

Ressaltamos que as mulheres têm sido as vítimas preferenciais do assédio sexual, mas nada impede que um homem também possa vir a sê-lo e não tendo necessariamente uma mulher, nem mesmo uma linda mulher, do outro lado. Não adianta desqualificarmos a questão, alegando que o homem poderia reagir com mais facilidade, o que é necessariamente verdadeiro exatamente pelos estereótipos culturais, também para ele será uma chantagem, uma maldição que poderia ter sido evitada.

Práticas Perversas nas Organizações

Sabemos todos que o dia-a-dia nas organizações é permeado por disputas de poder e busca de oportunidades para aumentar as arenas de influência, não constituindo nenhuma surpresa o fato de os locais de trabalho não serem exatamente um clube de anjos. As pessoas mortais costumam lutar por seus interesses, e as organizações instigam essa luta, considerando que uma certa dose de competição e animosidade lhes é até benéfica. Até pouco tempo atrás, o modelo consagrado como o mais produtivo reforçava o individualismo e a corrida por posições hierárquicas bastante verticalizada. O mundo das reengenharias, que causou muitos traumas às pessoas e organizações, reduziu a quantidade desses níveis hierárquicos, trouxe a valorização de uma estrutura organizacional mais horizontalizada e o resgate do trabalho de equipe.

Apesar de todo o discurso de humanização e democratização do mundo do trabalho, de *empowerment* e de participação de todos os níveis no processo decisório, muitas empresas continuam a desenvolver práticas que favorecem a centralização de poder e o autoritarismo. É verdade que o modelo piramidal se sustenta na autoridade, porém a autoridade pode ser exercida sem abusos e excessos. A administração por *stress* permite a naturalização de caminhos reprováveis, que servem de via de acesso para dar vazão à falta de escrúpulos de profissionais perversos, que retiram prazer de atos aviltantes e tirânicos.

Verificamos, hoje, um sem-número de táticas ou de técnicas que são usadas para forçar as pessoas consideradas indesejadas ou julgadas sem contribuição tão grande a dar, a fim de vencê-las pelo cansaço e levá-las a demitirem-se. Infelizmente, esse tipo de prática dos cortadores de custo tem ocorrido com bastante freqüência, especialmente nos casos de fusão e aquisição, em que determinadas tarefas e posições são duplicadas. É também muito comum usar-se a tática de quarentena, ou do *freezer*, ou a morte simbólica por meio de fatos simples, como a pessoa não ter mais uma mesa ou cadeira para sentar-se, reforçando sua inutilidade para desestabilizá-la. Nesses casos, é possível determinar (ainda que não justificar) o objetivo preciso que está por trás dessa postura, sendo possível, em alguns países, acionar a Justiça para reivindicar os direitos que estão sendo lesados; contudo, nem todas as categorias profissionais têm sindicatos fortes e atuantes, que possam emprestar sua força para conseguir negociar um acordo ou uma indenização.

Muito mais difícil de entender é o que está por trás de certo tipo de comportamento fundado em insultos, humilhações, chacotas e deboches que fazem o cotidiano profissional de muitas pessoas. Algumas organizações desenvolvem um ambiente e clima tão pernicioso que o desrespeito humano é a marca registrada. Credita-se, geralmente, uma grande racionalidade na conta das organizações e espera-se que uma dose razoável de justiça e ética seja parte desta; efetivamente, se a racionalidade fosse próxima da que se lhes atribui, esses comportamentos deveriam ser banidos, não estimulados, ou contar com a mais veemente desaprovação dos tomadores de decisão organizacional.

Na qualidade de professores de uma escola de *business*, temos tido conhecimento de práticas ofensivas e humilhantes que são usadas, por grandes empresas multinacionais, nas entrevistas de seleção de estagiários e *trainees*, com a pseudojustificação de estar simulando o atual ambiente de *stress*, no qual todos devem acostumar-se a dar respostas rápidas e a não entrar em pânico. Perguntas imorais, insinuações sexuais e ofensas à dignidade individual são utilizadas sem maiores pudores em nome de um empirismo perverso, que pretende verificar a capacidade de o candidato manter o sangue-frio e a passividade diante do estupro moral provocado por seus avaliadores. Quando uma empresa opta por esses métodos no processo da seleção, não é necessário um grande esforço de imaginação para se pensar quais são os limites que sua permissividade coloca e qual é o comportamento habitual de seus membros, pois pressupõe-se que as pessoas encarregadas de um processo de seleção representem a cultura da organização. O discurso ético propagado aos quatro ventos mostra, realmente, ao que veio, e, pela repetição, percebemos a avidez com que as empresas copiam umas às outras, mesmo naquilo que depõe contra elas; afinal, não apenas as empresas escolhem quem nelas trabalha, também as pessoas exercem seu direito de escolher que empresas merecem sua dedicação e respeito. Em nossa esfera de atuação, ainda que limitada às salas de aula e às publicações que assinamos, deixamos sempre que possível registrado nosso mais veemente repúdio por essas agressões mascaradas em técnicas sofisticadas de recursos humanos.

Não existe uma lógica moral automática nas organizações, e as pessoas têm o péssimo hábito de não quererem interferir quando o caso é público ou quando a responsabilidade deve ser compartilhada. Em boa medida, as pessoas evitam ser testemunhas do desagradável, do injusto e do perverso, racionalizando sua omissão com a desculpa do desconhecimento de todos os detalhes ou reduzindo a importância mesmo do que é flagrante, como se fosse uma ilusão de ótica ou uma distorção de percepção, ou ainda, qualificando de uma questão pessoal aquilo que é possibilitado pelas prerrogativas organizacionais, como os abusos, rituais de degradação e humilhações praticados por chefes, colegas e até subordinados perversos. Parece que um pouco de sangue dá um sabor mais picante à arena organizacional, existindo mesmo algumas pessoas que assumem seu lugar no camarote para deliciar-se com os detalhes sádicos e sórdidos.

Na introdução, citamos uma pesquisa realizada pela revista *Rebondir*. A amostra, estratificada por sexo, idade, profissão e região, envolvendo 471 profissionais franceses, foi colhida nos dias 5 e 6 de maio de 2000. [17, 18] Os comportamentos tipificados como assédio moral foram: insultos, humilhações, debochos, isolamento e "geladeira" repetidos. Do total, um em cada três assalariados já foi assediado moralmente e 37% dos entrevistados já viram isso ocorrer com algum colega; do total de assediados, 52% sofreram pelo menos três dos tipos de comportamento citados. Por categoria, temos os que já sofreram algum tipo de assédio: 35% dos executivos superiores; 27% do nível intermediário e de supervisão; 27% do nível administrativo e 32% dos trabalhadores ou operários. Quanto ao tipo de empresa: 30% em empresa privada e 29% no setor público, sendo mais comum o suicídio no setor público, no qual o assédio demora mais tempo pela dificuldade de demitir; 85% dos entrevistados querem uma lei para criminalizar a prática, ainda que apenas 37% a considerem como prioritária.

Em relação ao assédio sexual, a pesquisa é brasileira (Moraes, 1999, p. 84) e foi realizada com uma amostra de 401 mulheres com mais de 16 anos. Do total, apenas 9% declaram ter sofrido assédio sexual; desse total, 30% calaram-se, 31% saíram do emprego, 7,7% denunciaram aos superiores e apenas 2,6% moveram processo na Justiça. As razões pelas quais as vítimas não procuraram a Justiça: 5,3% acharam impossível ganhar, 18,2% não tinham provas, 7,9% tiveram medo do julgamento social, 15,8% tiveram ver-

---

17. Ver REBONDIR. *Harcèlement moral*, nº 85, p. 18-32, juin 2000. Número especial sobre assédio moral.

18. O jornal *Tribuna de Minas*, de Juiz de Fora, de 4 de fevereiro de 2001, traz uma matéria especial sobre o assunto, com o título Chefes autoritários, funcionários doentes. A reportagem baseia-se em pesquisa realizada em São Paulo, pela médica Margarida Barreto, na qual foram analisados 2.072 trabalhadores de 97 empresas. Resultados que comprovam uma forte ocorrência desse fenômeno e das doenças por ele provocadas.

gonha, 18,6% preferiram manter o emprego e 18,4% resolveram de outra forma. Em relação à solidariedade com que contaram: 5,1% vieram dos superiores, 10,3% do marido ou namorado, 23,1% da família, 25,6%, das colegas mulheres, 2,6% dos colegas homens e 33,3% não contaram a ninguém.

Infelizmente, essas práticas ainda encontraram suporte no preconceito, na desinformação e na mentalidade machista impressos nos valores sociais. Os pressupostos de que "onde há fumaça, há fogo" ou "algumas vítimas fazem por merecer o que lhes acontece" ou "há sempre uma ponta de provocação por parte da assediada" tornam a mudança muito mais lenta. Pior que isso, a pessoa agredida acaba sendo levada a acreditar que é sua reputação, e não a do agressor, que ficará manchada, que é ela quem deve envergonhar-se e que será ela o objeto de censura e de desaprovação social. Tal deslocamento vai agravar o desrespeito e o trauma sofridos; a inversão dos papéis, ou seja, a vítima que se transforma em ré, é só mais um requinte de crueldade que aumentará o prazer do perverso. Melhor se contar com o aplauso da organização, que pode vir na forma de silêncio. Mas o silêncio fala. E as pessoas esquecem que as palavras, mesmos as não-ditas, são armas que podem ser letais; é triste, muito triste, reconhecer que uma vida vale tão pouco...

REFERÊNCIAS BIBLIOGRÁFICAS

HIRIGOYEN, Marie-France. *Le harcèlement moral*: la violence perverse au quotidien. Paris: Syros, 1998.

MORAES, Rita. A lei do mais forte. *Isto É*, São Paulo, nº 1542, p. 84-89, 21 abr. 1999.

8

JEITINHO BRASILEIRO, CONTROLE SOCIAL E COMPETIÇÃO*

Fernando C. Prestes Motta
Rafael Alcadipani

*"O que levamos desta vida inútil
Tanto vale se é
A glória, a fama, o amor, a ciência, a vida,
Como se fosse apenas
A memória de um jogo bem jogado
E uma partida ganha a um jogador melhor*

*A glória pesa como um fardo rico,
A fama como a febre,
O amor cansa porque é a sério e busca,
A ciência nunca encontra,
E a vida passa e dói porque o conhece...
O jogo de xadrez
Prende a alma toda, mas perdido, pouco
Pesa, pois não é nada."*

Ricardo Reis (Fernando Pessoa)

---

* Artigo publicado originalmente na *RAE – Revista de Administração de Empresas*, São Paulo, v. 39, nº 1, p. 6-12, jan./mar. 1999.

Imaginem a cena: sujeito há quase um ano desempregado, casado, três filhos, vivendo do dinheiro de faxinas esporádicas da mulher, descobre que uma loja está precisando de carregador. Vai até a loja, conversa com o dono, que gosta muito dele. Existem mais de 13 pessoas na busca pela vaga. Depois de conversar com a esposa do dono da loja, consegue o emprego. Para tanto, precisa estar na loja no dia seguinte às 8:00 horas com a carteira de trabalho, caso contrário, perde a vaga.

Volta para casa feliz e contente com o emprego conquistado. Procura a carteira de trabalho e, para seu desespero, percebe que a perdeu. Como precisa do documento impreterivelmente no dia seguinte, vai à Junta do Trabalho para fazer um novo. Vale destacar que a maioria dos órgãos governamentais do serviço público no Brasil parece retirada de um conto Kafka, tamanha a lentidão e a "burocracia" que apresenta.

Lá chegando, após ficar duas horas e meia na fila para ser atendido, a funcionária, com um mau-humor ímpar, informa que o documento ficará pronto dentro de um mês, já que esse é o procedimento-padrão pelo qual todos, sem exceções, devem passar. Nosso personagem fica desesperado e conta toda sua história, com rigor de detalhes, para a funcionária. Ela pára, pensa, repensa e discute, fala que não tem como... Contudo, depois da persistência de nosso ex-desempregado, passa o caso dele na frente de todos os demais e consegue a carteira de trabalho em 45 minutos. Ele agradece e vai embora feliz. Para nós, brasileiros, "deu-se um jeitinho" para o ex-desempregado.

O jeitinho acontece todos os dias nos mais diferentes domínios, quer sejam públicos, quer sejam privados. O esclarecimento desse fenômeno é, acreditamos, de vital importância para se compreender a realidade brasileira, sendo que a compreensão dessa realidade é indispensável para todos os que trabalham e pesquisam as organizações locais. O mais interessante para nós é que o jeitinho, conforme abordaremos neste artigo, assume uma faceta de controle social e competição. Para compreendê-lo, faz-se mister apresentar alguns traços histórico-culturais brasileiros.

A formação e a estruturação da sociedade brasileira foram marcadas pela exploração máxima dos recursos naturais do país para serem vendidos ao mercado europeu (Holanda, 1973). Tal fato ficou evidente nos grandes ciclos econômicos no Brasil colonial e no início e meados do período republicano (cana-de-açúcar, mineração e café).

Aliás, se nos detivermos na análise do nome Brasil, constataremos que ele foi dado pelos portugueses à terra descoberta graças à grandiosa quantidade de pau-brasil aqui encontrada. O pau-brasil foi o primeiro produto a ser explorado pela metrópole lusa. Dessa forma, dando o nome Brasil para a terra descoberta, a metrópole deixou marcada simbolicamente no nome do país, para sempre, sua exploração (Calligaris, 1993).

O ímpeto de exploração metropolitana no período colonial fez com que o reino português evitasse o desenvolvimento do país e não levasse em conta as peculiaridades nacionais quando da implementação das estruturas administrativas, sociais e econômicas.

A bem da verdade, a metrópole explorou e pretendia dominar a colônia. Para tanto, moldou-a e geriu-a conforme suas normas, regras e estruturas. O fato de fazer tudo a "imagem e semelhança do reino" fez com que as citadas estruturas aqui implementadas não levassem em conta a realidade brasileira de então (Holanda, 1973). Assim, o Estado que aqui existia não defendia os interesses brasileiros e, muito menos, os da população local (Faoro, 1976).

A adoção de modelos de sociedades tidas como desenvolvidas e a imposição de uma elite minoritária sobre a população não ficaram restritas ao período colonial, haja vista que, na monarquia e na república brasileira, tal fato continuou a ocorrer, sendo que a estruturação político-social brasileira resistiu às transformações fundamentais: a camada dominante continuou a controlar e a dominar a população (Faoro, 1976).

O Estado sempre funcionou como um braço da elite brasileira e impôs-se sobre a população por meio de sua legislação punitiva: o "não pode" da lei sempre submeteu as pessoas ao Estado (DaMatta, 1993).

No que concerne às formas de gerir mão-de-obra, o "cunhadismo" foi a primeira maneira de dominar pessoas para trabalharem a favor dos interesses europeus quando da exploração do pau-brasil. Ele se deu porque, pelo casamento com uma indígena, o esposo passava a ser parente de toda a tribo à qual a índia pertencia e o europeu utilizou-se dessa relação de parentesco, estabelecida por seu "casamento", para fazer com que seus "parentes" índios trabalhassem na extração do pau-de-tinta. Essa relação de dominação era cordial e aparentemente igualitária (Ribeiro, 1995).

Dando um salto na linha do tempo da história brasileira e passando a falar do período canavieiro, o senhor de engenho, senhor absoluto das terras em que se produzia a cana-de-açúcar, exercia seu domínio e tinha suas decisões orientadas por sentimentos afetivos que amenizavam, por um lado, e reforçavam, por outro, sua autoridade, principalmente no que se refere às questões relacionadas com a gestão de seus empregados e escravos (Freyre, 1963). Pulando novamente na linha temporal da história brasileira, se recordarmos, agora, as relações de trabalho e voto no início do período republicano, constataremos que a figura do coronel dominava o quadro social da época e o fazia por meio de afeto e violência.

Dessa forma, relações paternalistas com envolvimentos ambiguamente cordiais-afetivos e autoritários-violentos são lugares-comuns na história da formação da sociedade brasileira e, como demonstram Colbari (1995), Bresler (1997), Alcadipani (1997) e Vasconcellos (1995), a existência dessas características ainda persiste nas organizações locais.

De acordo com Holanda (1973), a mentalidade da casa-grande, ou seja, sentimentos próprios da comunidade doméstica, do público pelo privado, do Estado pela família, invadiu os domínios sociais urbanos quando ocorreu a urbanização brasileira e, pelo que acabamos de ver, persiste até os dias de hoje.

Destaca-se, devido primordialmente às relações paternalistas, a "índole" de fundo emotivo (sentimentalista), marcada por relações de amor e ódio que se colocam sobre as atitudes econômico-racionais, como uma característica cultural brasileira. Isso fica evidente nas atitudes de aparência polida tão peculiares aos brasileiros: teme-se ofender os outros, tratar mal, causar brigas etc.

Há ainda, no povo brasileiro, uma aversão aos ritualismos sociais que explicitam as diferenças entre as pessoas, que deixam claras a hierarquia e as desigualdades, quer sejam de poder, quer sejam sociais. O interessante disso é que, de acordo com Holanda (1973), o respeito se dá entre as pessoas em sua peculiaridade no desejo de se estabelecer intimidade, e não quando se explicita a hierarquia, sendo que os rituais e as venerações de reconhecimento explícito de superioridade são repudiados (Holanda, 1973).

Nota-se, no Brasil, a cultura da pessoalidade, ou seja, o grande valor atribuído à pessoa, sendo que o pessoalmente íntimo é colocado, no mais das vezes, sobre o interesse da coletividade: os interesses pessoais são tidos como mais importantes de que os do conjunto da sociedade, ocasionando falta de coesão na vida social brasileira, à medida que cada um favorece os seus e os membros de seu "clã" em detrimento do interesse coletivo.

Temos consciência da dialética, da diversidade e da complexidade de qualquer cultura. Ao apontarmos algumas características histórico-culturais de nosso país, não pretendemos, em hipótese alguma, transmitir uma visão reduzida e simplificada da cultura brasileira. A apresentação desses traços servirá como base para a definição e apresentação das características do jeitinho brasileiro.

Passaremos, agora, a analisar o formalismo apontado na bibliografia como a causa principal do jeitinho.

O formalismo, de acordo com Riggs (1964), é a diferença entre a conduta e a norma que estabelece como essa conduta deveria ser, sem que tal diferença implique punição para o infrator da norma, ou seja, a diferença entre o que a lei diz e o que acontece de fato, sem que isso gere punição para o infrator da lei.

Para definir o conceito de formalismo, Riggs (1964) propôs três tipos ideais de sociedade: difratadas (países desenvolvidos), prismáticas (países em desenvolvimento) e concentradas (países extremamente subdesenvolvidos). O autor apontou a existência do formalismo nos três tipos ideais de sociedade, sendo residual nos extremos e máximo nas prismáticas.

O formalismo ocorre nas sociedades prismáticas devido ao fato de elas dependerem das difratadas e serem compelidas a implementar suas estruturas (sociais, políticas e econômicas), ou seja, a relação de subjugação das difratadas sobre as prismáticas faz com que as últimas implementem as estruturas da primeira. O formalismo se dá uma vez que as estruturas das sociedades difratadas não condizem com a realidade cotidiana das prismáticas, sendo que tal incompatibilidade implica a impossibilidade da aplicação total das estruturas implementadas.

De acordo com Prado Jr. (1948), a discrepância entre a conduta concreta e as normas que pretendiam regular tal conduta sem a respectiva punição (formalismo) estava presente no Brasil desde os tempos da colônia.

A existência do formalismo, segundo Riggs (1964), faz com que as instituições e as pessoas possam dar, negar, vetar e consentir, ou seja, o fato de ocorrer o desrespeito a algumas leis, dentro de dada sociedade, faz com que haja uma generalização da desconfiança em torno da validade de todas as demais leis dessa sociedade. É nesse sentido que o formalismo é apontado como a raiz estrutural do jeitinho brasileiro (Abreu, 1982).

O jeitinho brasileiro, como o próprio nome diz, é brasileiro. Dessa forma, além do formalismo, as características culturais brasileiras apontadas no início deste artigo se inter-relacionaram de maneira difusa e concorrem para sua existência.

O jeitinho brasileiro é o genuíno processo brasileiro de uma pessoa atingir objetivos a despeito de determinações (leis, normas, regras, ordens etc.) contrárias. É usado para "burlar" determinações que, se levadas em conta, inviabilizariam ou tornariam difícil a ação pretendida pela pessoa que pede o jeito. Assim, ele funciona como uma válvula de escape individual diante das imposições e determinações.

O jeitinho dá-se quando a determinação que impossibilitaria ou dificultaria a ação pretendida por dada pessoa é reinterpretada pelo responsável por seu cumprimento, que passa a priorizar a peculiaridade da situação e permite o não-cumprimento da determinação, fazendo assim com que a pessoa atinja seu objetivo.

Quando o jeitinho ocorre, aquele que o concede considera a situação particular que lhe foi apresentada como mais importante do que a determinação que deveria ser genérica e, dessa forma, reinterpreta a validade da determinação universal e prioriza o caso específico, ou seja, o pessoal passa a ser mais importante que o universal.

Para consegui-lo, o pretendente deve ser simpático, humilde e mostrar como a aplicação da determinação seria injusta para seu caso. Vale destacar que o jeitinho, segundo Barbosa (1992), é dominante nas relações que deveriam ser intermediadas pela dominação burocrática weberiana, sendo, portanto, dominante nas relações entre as pessoas e o Estado brasileiro, que deveriam ser intermediadas pela legislação genérico-universal.

Diferentemente da corrupção, a concessão do jeitinho não é incentivada por nenhum ganho monetário ou pecuniário: a pessoa que dá o jeitinho não recebe nenhum ganho material ao concedê-lo.

DaMatta (1991) apresentou o "Você sabe com quem está falando?" como uma frase corriqueira na sociedade brasileira. Ela é usada por uma pessoa que quer atingir um objetivo e tenta ser impedida por alguém que seja hierarquicamente inferior a ela. Pode-se citar como exemplo o coronel da polícia sem uniforme flagrado em alta velocidade. Quando o policial aplica a multa ao coronel infrator, ele diz a frase, clara ou veladamente, fazendo com que o policial reconheça a superioridade do coronel e não aplique a multa.

O "Você sabe com quem está falando?" deixa claro as diferenças de *status* na sociedade brasileira e é diametralmente oposto ao jeitinho brasileiro, que, aparentemente, mascara as desigualdades e diferenças, já que o *status* da pessoa que o solicita não é levado em conta no momento de concedê-lo. Barbosa (1992) afirmou que todos, independentemente da posição que ocupam na sociedade, podem conseguir o jeitinho. O jeitinho também difere da malandragem, à medida que ela pressupõe que uma pessoa prejudique outra diretamente ou leve vantagem sobre ela. Tal fato não se dá no jeitinho, pois nele se deixa de levar em conta o coletivo e não se dá o prejuízo direto de um sujeito.

Quem concede o jeitinho reavalia a justiça de leis e normas, que muitas vezes são vistas como inadequadas e extremamente impositoras. Além disso, aquele que o concede tem seu poder discretamente fortalecido, à medida que passa de um simples cumpridor da lei para um avaliador de sua pertinência e aplicação.

O jeitinho brasileiro, como vimos, possui muitas de suas raízes nos traços culturais brasileiros e é, em si, uma instituição cultural da sociedade brasileira.

Qual seria, então, o papel da cultura, em uma sociedade?

> *"A cultura é melhor vista não como complexos de padrões concretos de comportamento – costumes, usos, tradições, feixes de hábitos – como tem sido o caso até agora, mas como um conjunto de mecanismos de controle – planos, receitas, regras, instituições – para governar o comportamento"* (Geertz, 1989).

Assim, pode-se perceber o papel da cultura como o de um mecanismo de controle. Bresler (1993, p. 48) colocou que *"cultura é um conjunto de mecanismos de controle socialmente construído, não é imposto por nenhum ser (sobrenatural ou não)"*.

São os elementos culturais que compõem esses mecanismos de controle. Dessa forma, como instituição cultural brasileira, o jeitinho pode ser encarado como um mecanismo de controle social que foi socialmente construído.

Como instituição cultural, ele faz parte da moral brasileira, sendo que, quando uma situação difícil se apresenta a um brasileiro, ele espera "dar um jeito" para resolvê-la. Destacamos que todos sabem de sua existência e quase todas as pessoas tentam se utilizar dele quando necessário.

O jeitinho é uma forma particular (pessoal) de as pessoas resolverem seus problemas dentro da sociedade brasileira sem a alteração do *status quo*, pois, como cada um resolve seu problema de forma individual por meio dele, não se questiona e, portanto, não se altera a ordem estabelecida.

Se todas as leis, normas, regras, determinações etc. fossem cumpridas com o máximo rigor, seguramente teríamos uma sociedade em paralisia ou explosiva. Tal fato pode ser demonstrado pelas "operações-padrão".

Uma "operação-padrão" acontece quando os funcionários de dada organização realizam suas funções estritamente de acordo com as normas que determinam como tal função deveria ser realizada, ou seja, seguem a normatização à risca.

Há algum tempo, os funcionários das linhas de trens suburbanos da Grande São Paulo realizaram uma dessas "operações". De acordo com as normas da ferrovia, os trens que não tivessem extintores de incêndio em um dos vagões ou que, por exemplo, apresentassem pequenos problemas elétricos não poderiam circular. Além disso, em alguns trechos da ferrovia, os trens deveriam circular em velocidade bastante baixa, por exemplo. Sempre existiu uma infinidade de normas que não eram cumpridas, parcial ou integralmente, no funcionamento cotidiano da ferrovia. Na citada "operação-padrão", os funcionários seguiram todas as normas minuciosamente. O resultado foi que pouquíssimos trens circularam e os atrasos foram monumentais. A população ficou revoltada com a demora e depredou inúmeras estações.

Pelo que expusemos, o jeitinho auxilia na manutenção do *status quo* e, conseqüentemente, na manutenção do domínio do Estado que gere essa sociedade, tendo um claro papel de controle social.

Podemos classificar em seis os modos de controle social: o controle organizacional (pela máquina burocrática), o controle dos resultados (pela competição econômica), o controle ideológico (pela manifestação da adesão), o controle do amor (pela identificação total ou expressão de confiança), o controle pela saturação (um só texto repetido indefinidamente) e o controle pela dissuasão (instalação de um aparelho de intervenção) (Enriquez, 1990).

Acreditamos que o controle social pela competição econômica e o controle pela identificação total ou expressão de confiança se prestam mais à compreensão da dinâmica do jeitinho brasileiro, lembrando que, no primeiro caso, o que é realmente importante para os indivíduos, grupos ou organizações é o sucesso na vida ou nos negócios.

É esse sucesso que deve ser reconhecido e invejado pelas outras pessoas ou agentes. É o sucesso de qualquer forma indispensável para se manter na corrida com uma vantagem diferencial e não ficar desacreditado.

A competição desconhece limites. Ao contrário, ela estende-se a quaisquer domínios: competição entre indivíduos, entre indivíduos e instituições, entre instituições, entre países. Todas as pessoas, todas as organizações, pensando ter uma possibilidade de fazer parte da elite dos vencedores e tendo interiorizado o modelo de luta, aceitam a competição como regra, o que confere à vida pública e privada seu caráter de espetáculo e teatralidade. Tudo se passa para que, como no final de todo melodrama, os bons vençam e os maus sucumbam. Pelo menos é assim que se espera que as coisas se passem. De qualquer modo, nenhuma comiseração é dirigida aos vencidos, no máximo piedade ou desprezo. Viva os vencedores e ai dos vencidos: estas são palavras finais (Enriquez, 1990).

O controle do amor é o que se dá pela identificação total ou expressão de confiança. Evidentemente, pode-se pensar que se trata mais uma vez da enorme importância dos vínculos libidinosos entre chefes e massas dependentes (Freud, 1981). Todavia, trata-se de dois modos básicos de funcionamento do discurso amoroso: o fascínio (que está perto da hipnose) e a sedução.

Está em jogo no fascínio a possibilidade que os homens têm de se perderem e se encontrarem em um ser. Trata-se aqui da fusão amorosa com o ser fascinante, por meio da qual o indivíduo deixa de lado seu invólucro corpóreo para se tornar parte do "grande todo", seu ego se dilatando e absorvendo, como faz o bebê, o mundo exterior. O indivíduo torna-se diáfano e, por isso mesmo, um pequeno deus. Perdendo suas referências habituais, ele vai além de si próprio.

Teatral e diretamente, o ser fascinante apresenta ao pequeno homem o que ele poderia vir-a-ser. É assim que este vive por delegação de seu heroísmo escondido. O ser fascinante devolve-lhe seu desejo mais profundo de ser reconhecido, identificado, amado, podendo levá-lo a transformar-se e a transcender-se.

O ser que fascina é o manipulador e o perseguidor, mas também é sobretudo o que chamamos de "ascensor" e "anunciador". Ele é ascensor porque nos chama a seu nível e nos permite encontrá-lo. É ele também que anuncia a boa nova: o sonho de cada um pode ser a realidade, já que todos podem ser deuses, como o ser fascinante (Enriquez, 1990).

No caso da sedução, é outra coisa que está em jogo. É na aparência e no jogo das aparências que reside a sedução. O discurso pronunciado não precisa significar nada, nem mesmo convidar à ação. O discurso apóia-se sobre outras coisas, sobre palavras bem escolhidas, sobre frases bem equilibradas, sobre fórmulas chocantes, sobre uma dicção evocadora, sobre um sorriso que alicia, sobre uma capacidade de banalização dos problemas, sobre idéias gerais e generosas que em si mesmas não provocam desacordo e que são criadas para não perturbar.

A palavra *sedutora* é uma palavra sem asperezas, de tal forma que o seduzido não se sente forçado. Ele é atraído pela aptidão de tornar os problemas sem dramas, pelo tom ao mesmo tempo próximo e distante. Não há vítimas. O sedutor está consciente de que a sedução é parte da mentira e o seduzido sabe que o objetivo dessas palavras é apaziguá-lo.

Entretanto, existe um outro lado mais recôndito da sedução. É a sedução que violenta. É que, ao jogar consigo próprio, o sedutor joga ao mesmo tempo com e contra o outro. Ele tenta amordaçar e alienar o outro o mais profundamente possível e fugir da armadilha que ele mesmo construiu. É assim que Don Juan não pode apaixonar-se. Ao contrário, ele deve passar de uma mulher a outra sem ser tocado pelos sentimentos.

Na verdade, o que o sedutor esconde sob seu sorriso é uma máscara de destruição e desprezo. A compreensão desse fato é clara na teoria da sedução de Freud (1981). O trauma é da autoria do sedutor, que, de fato, é o pai da neurose. Quem é o sedutor se não aquele que enlouquece o outro, que desperta sua perdição de corpo e espírito?

É dessa forma que o jogo, que era divertido e sutil, torna-se também sinistro. Os fascinadores são muitas vezes tão perigosos quanto os grandes sedutores políticos, mas isso não se percebe tão facilmente. Sedutor por excelência, John Kennedy concordou com o desembarque na Baía dos Porcos, em Cuba, além de ter preparado o fracasso dos Estados Unidos no Vietnã.

Lembra-se sempre de Don Juan e Casanova com um sentimento caloroso. É a face rosa a que fica e não a negra. A razão é simples: não se acredita que o fascinador possa fascinar-se por alguém, mas acredita-se que o sedutor possa ser seduzido. Da sedução ao amor, mas também ao ridículo, é um passo.

No caso do jeitinho brasileiro, tanto o solicitante quanto o concedente competem com o Estado. O primeiro quando burla a norma e o segundo quando a avalia. Em ambos os casos, o Estado pode parecer como ser fascinante. Em segundo lugar, o solicitante e o concedente competem entre si. O solicitante usa o poder da sedução e o concedente responde com o poder da autoridade.

Além disso, os solicitantes competem entre si pelo poder de seduzir e eventualmente pelas relações sociais que colocam em jogo para atingir seus objetivos. Também os concedentes competem entre si pela possibilidade de dar o jeitinho. Nesse caso, competem pela autoridade formal, pela liderança ou pelas relações sociais.

REFERÊNCIAS BIBLIOGRÁFICAS

ABREU, C. et al. Jeitinho brasileiro como recurso de poder. *Revista de Administração Pública*, Rio de Janeiro: FGV, v. 16 abr./jun. 1982.

ALCADIPANI, R. *Formalismo e jeitinho brasileiro à luz da administração de microempresas* (Iniciação Científica). São Paulo: Nupp/ESPM, 1997 (Mimeogr.).

BARBOSA. L. *O jeitinho brasileiro.* Rio de Janeiro: Campus, 1992.

BRESLER, R. *Organização e programas de integração*: um estudo sobre os ritos de passagem. 1993. Dissertação (Mestrado) – EAESP/FGV, São Paulo.

_____. A roupa surrada e o pai: etnografia em uma marcenaria. In: PRESTES MOTTA, F. C.; CALDAS, M. *Cultura organizacional e cultura brasileira.* São Paulo: Atlas, 1997.

CALLIGARIS, C. *Hello Brasil!*: notas de um psicanalista europeu viajando ao Brasil. São Paulo: Escuta, 1993.

COLBARI, A. Imagens familiares na cultura das organizações. In: DAVEL, E.; VASCONCELLOS, J. (Org.). *"Recursos" humanos e subjetividade.* Petrópolis: Vozes, 1995.

DaMATTA, R. *Carnaval, malandros e heróis*. 5. ed. Rio de Janeiro: Guanabara, 1983.

_____. *O que faz o Brasil, Brasil?* 5. ed. Rio de Janeiro, 1991.

ENRIQUEZ, E. *Da horda ao estado*: psicanálise do vínculo social. 2. ed. Rio de Janeiro: Zahar, 1990.

FAORO, R. *Os donos do poder*: formação do patronato político brasileiro. 3. ed. Porto Alegre: Globo, 1976. 2 v.

FREUD, Sigmund. Psychologie des foules et analyse du moi. In: *Essais de psychanalise*. Nouvelle edition. Paris: Petite Bibliothèque Payot, 1981.

FREYRE, G. *Casa-grande & senzala*. 12. ed. Brasília: UnB, 1963.

GEERTZ, C. *Interpretação da cultura*. Rio de Janeiro: Guanabara, 1989.

HOLANDA, S. B. *Raízes do Brasil*. Rio de Janeiro: J. Olympio, 1973.

PRADO JR., C. *Formação do Brasil contemporâneo*. 3. ed. São Paulo: Brasiliense, 1948.

PRESTES MOTTA, F. Cultura nacional e cultura organizacional. *Revista da ESPM*, v. 2, nº 2, ago. 1995.

_____. *Cultura e organizações no Brasil*. São Paulo: EAESP/FGV, 1996. (Relatório de Pesquisa NPP, 15.)

RAMOS, A. *Administração e contexto brasileiro*. Rio de Janeiro: FGV, 1983.

RIBEIRO, D. *O povo brasileiro:* a formação e o sentido do Brasil. São Paulo: Companhia das Letras, 1995.

RIGGS, F. W. *A ecologia da administração pública*. Rio de Janeiro: FGV, 1964.

VALENTE, J. *A certidão de nascimento do Brasil:* a carta de Pero Vaz de Caminha. São Paulo: Edição do Fundo de Pesquisas do Museu da USP, 1975.

VASCONCELLOS, J. O coronelismo nas organizações: a gênese da gestão autoritária. In: DAVEL, E.; VASCONCELLOS, J. (Org.). *"Recursos" humanos e subjetividade*. Petrópolis: Vozes, 1995.

9

ENXUGAMENTO DE PESSOAL NO BRASIL*

Miguel P. Caldas

Introdução**

Ednei era um sujeito simples, cabisbaixo, daqueles por quem a gente passa e não nota. Apareceu por lá na hora marcada e se apresentou ao entrevistador com aquele jeito inseguro e "olhar vazio" de quem tem pouca esperança.

Ednei apareceu no horário marcado. Alguém ligou e falou para ele estar a tal hora no Not, aquele lugar onde ele e a maioria dos demitidos da Cimencom eram ajudados a se preparar para um novo emprego. Era para uma entrevista, eles disseram. Uma tal de pesquisa acadêmica, eles falaram, seja lá o que isso for. "Nada a ver com emprego", eles disseram.

Ednei ouviu atentamente as instruções do entrevistador, um moço muito educado que, no fundo, disse a mesma coisa que eles disseram quando ligaram,

---

* Este artigo baseia-se na pesquisa financiada pelo Núcleo de Pesquisas e Publicações da FGV/EAESP, intitulada *Enxugamentos no Brasil: pesquisa de campo comparativa sobre moderadores organizacionais dos efeitos de demissões coletivas em empresa e indivíduo*. Uma versão preliminar foi apresentada no Enanpad 1999 (área de Recursos Humanos). Artigo publicado originalmente na *RAE – Revista de Administração de Empresas*, São Paulo, v. 40, nº 1, p. 29-41, jan./mar. 2000.

** O Autor agradece especialmente os 58 indivíduos que compartilharam com ele um pouco de suas histórias e de suas vidas. Esta pesquisa de campo é dedicada a eles. E, é claro, ao Ednei.

"Pesquisa." "Acadêmica." E tudo o mais. A cada pergunta do tal "roteiro", uma mais esquisita que a outra, Ednei respondeu o que dava, o que sabia: ele achou que o moço iria entender se ele errasse alguma coisa. Respondeu quase com monossílabos, sem muitos comentários.

Deu para entender que Ednei trabalhava na empresa por nove anos, como operário. Deu para entender que Ednei até aquele momento não tinha entendido o que acontecera ou por que acontecera com ele. Deu para entender que Ednei fazia muita força para parecer que estava tudo bem, que nada tinha acontecido, que os oito últimos meses tinham sido normais, que ele não estava doente, que ele era assim mesmo. Deu para entender que o golpe foi muito duro.

Quando a entrevista acabou, Ednei se levantou, meio assustado, para ir embora. Quando já estava na porta, armou-se de coragem, virou-se para o entrevistador e, sem muito jeito, perguntou:

– Moço, será que eu posso ter uma esperança de conseguir o emprego?

Ednei foi um dos entrevistados nessa pesquisa. Até a finalização do relatório, um ano após sua demissão, ele não tinha conseguido emprego. E continuava sem entender direito tudo o que tinha lhe acontecido.

A literatura – tanto gerencial como acadêmica – sobre enxugamentos de pessoal e sobre seus efeitos é vasta e multiplicou-se entre meados da década de 80 e o presente, em especial nos EUA e na Europa. No entanto, apesar dessa abundância de referências, verificamos grande carência de estudos que procurem entender, de forma estruturada, até que ponto os diversos fatores sob o controle da organização que são prescritos na literatura – aqui chamados de moderados – podem influenciar a extensão dos efeitos de cortes de pessoal na organização, nos demitidos e nos remanescentes.

A pesquisa de campo sintetizada neste texto procura justamente colaborar para o preenchimento dessa lacuna, por meio de um estudo exploratório, baseado em quatro casos no Brasil, analisando a extensão da influência de moderadores organizacionais nos efeitos de cortes de pessoal na empresa, nos remanescentes e no indivíduo, no contexto brasileiro. Uma vez que seu propósito é exploratório, o produto do estudo não é comprovação de teoria, mas a análise das potencialidades da teoria disponível no contexto brasileiro e a proposição de aspectos e hipóteses particulares desse universo que poderão ser objetivo de investigação mais específica e aprofundada no futuro.

Em termos específicos, a pesquisa de campo concentra-se na seguinte questão de pesquisa: Até que ponto, em contextos de enxugamento de pessoal em empresas no Brasil, algumas ações ou fatores sob a influência da organização moderam os efeitos negativos do enxugamento na empresa, nos remanescentes e no indivíduo, como previsto na literatura a respeito?

Revisão Teórica

Na realidade cotidiana das organizações, fazer cortes de pessoal é uma prática comum, porém geralmente delicada e da qual poucos falam abertamente. Diversos autores têm mostrado como, desde os anos 80, temos vivido um onda crescente e extraordinária de enxugamentos no mundo empresarial. Muitos observadores e especialistas têm concordado que esse surto de enxugamentos teve proporções e características extraordinárias, visto que não se trataria apenas de uma oscilação de mão-de-obra típica do capitalismo moderno. Até há poucos anos, era quase inexistente a literatura acadêmica sobre redução de pessoal. Depois de estudos iniciais ligados a declínio organizacional, um novo fluxo de pesquisa passou a relacionar enxugamentos com o que chamamos, no universo gerencial, de *downsizing*, quando muitas empresas do renomado desempenho passaram a enxugar pessoal de forma quase permanente, principalmente nos EUA (Freeman e Cameron, 1993; Sutton, Eisenhardt e Jucker, 1986; Greenhalgh, Lawrence e Sutton, 1988; Tomasko, 1987, 1992).

Os efeitos de enxugamento podem ser notados em várias dimensões. Na primeira dimensão, podemos concentrar a análise nos efeitos agregados do enxugamento, tanto no que tange à questão do desemprego quanto aos problemas sociais, econômicos e políticos que o desemprego acarreta na sociedade. Não será focada aqui essa dimensão mais "macro" do problema. Já na segunda dimensão, é possível focalizar os efeitos do enxugamento na organização e em seus membros (efeitos na própria organização e efeitos nos remanescentes). Por fim, na terceira dimensão, os efeitos do enxugamento no indivíduo demitido e em seu ambiente imediato podem ser enfocados. A segunda e a terceira dimensões mencionadas fazem parte do escopo do presente texto.

Efeitos na organização

A primeira dessas instâncias (efeitos na própria organização) representa toda a empresa, incluindo variáveis de seu funcionamento interno (ambiente de trabalho, eficiência interna e eficácia organizacional), de suas relações com empregados e seus representantes, bem como de sua imagem

Quadro 1	Efeitos (citados na literatura) na organização e nos demitidos.
Efeitos Organizacionais	**Efeitos nos Demitidos**
Efeitos no ambiente de trabalho 26. Perda de lideranças. 27. Queda na participação em programas de envolvimento de pessoal. 28. Perda de familiaridade entre unidades/redução do trabalho em equipe. 29. Deterioração do clima organizacional/aumento do nível de conflito, política e estresse.	Efeitos emocionais 50. Dificuldades cognitivas. 51. Instabilidade emocional/vulnerabilidade. 52. Ansiedade/angústia. 53. Estresse/tensão. 54. Depressão/amargura/perda da esperança. 55. Distúrbios psiquiátricos. 56. Suicídio/parassuicídio/auto-agressão.
Efeitos na eficiência interna 30. Perda na experiência/perda de memória organizacional. 31. Perda coletiva de espírito empreendedor e da propensão a assumir riscos. 32. Aumento da burocracia. 33. Perda de qualidade e de rapidez na tomada de decisão. 34. Redução da troca de informações/crise de comunicação. 35. Perda de controle interno.	Efeitos psicológicos 57. Insegurança. 58. Queda na auto-estima e no auto-respeito. 59. Queda no nível de felicidade e de satisfação com a própria vida. 60. Perda da noção de identidade.
Efeitos na eficácia organizacional 36. Queda na qualidade de produtos e serviços. 37. Deterioração da produtividade e do desempenho. 38. Queda no valor das ações no mercado. 39. Perda de visão estratégica/dificuldade de competir. 40. Estagnação ou queda em vendas. 41. Estagnação ou queda nos lucros.	Efeitos físicos 61. Deterioração da saúde física/alteração nos sistemas cardiovascular, imunológico, gastrointestinal e bioquímico.
Relações de trabalho 42. Aumento de volume de reclamações. 43. Aumento no índice de acidentes e doenças. 44. Aumento de sabotagens e violência. 45. Deterioração das relações trabalhistas.	Efeitos comportamentais 62. Problemas de estruturação do tempo. 63. Desorganização da vida diária. 64. Apatia/inércia/falta de estímulo. 65. Mudança nos hábitos alimentares, sexuais e no sono. 66. Abuso de álcool, drogas e demais substâncias.
Efeitos na imagem externa 46. Prejuízo à imagem que clientes e parceiros têm da empresa. 47 Prejuízo à imagem/ressentimento da comunidade. 48. Dificuldade de recrutar e atrair novos empregados. 49. Aumento da propensão à intervenção do governo.	Efeitos familiares 67. Deterioração da vida familiar (divórcio, abandono do lar, violência doméstica). 68. Impacto nas crianças. Efeitos econômicos 69. Queda de renda/privação econômica. Efeitos profissionais 70. Dificuldade de recolocação. 71. Maior cinismo em futuros empregos. 72. Diminuição do envolvimento e comprometimento. 73. Queda na satisfação com a carreira. 74. Instabilidade em futuros empregos. 75. Menores salários no futuro. 76. Propensão a sabotagem e violência. Efeitos sociais 77. Deterioração das relações interpessoais e isolamento. 78. Aumento na propensão a anomalias sociais.

externa. Sobre essa instância, sabemos pouco, à medida que a maior parte da pesquisa a respeito está longe de ser sistematizada ou integrada (Sonnenfeld, 1989). Aqui, sugerimos que os efeitos organizacionais podem ser divididos em cinco grupos: efeitos no ambiente de trabalho, eficiência interna, eficácia organizacional, relações de trabalho e imagem externa (ver Quadro 1. Para uma revisão, ver, por exemplo, Cameron, Freeman e Mishra, 1993; Mishra e Mishra, 1994; Cascio, 1993; Cole, 1993).

É verdade que todas essa variáveis organizacionais afetam a forma como as pessoas na empresa percebem e reagem ao evento e são afetadas por ela, o que nos leva à segunda instância organizacional a ser entendida.

Efeitos nos indivíduos demitidos

Parece natural que a demissão afete mais o indivíduo desligado do que qualquer outro envolvido. Na verdade, os efeitos de enxugamento no indivíduo demitido podem ser vistos como a conjugação de diversas variáveis interligadas, que vêm sendo estudadas contínua e significativamente desde a grande depressão dos anos 30, de quando datam os estudos pioneiros (Eisenberg e Lazarsfeld, 1938; Jahoda, 1981, 1982). Por motivos puramente didáticos, tais efeitos são aqui agrupados em oito subconjuntos básicos, sugerindo que as conseqüências da perda do emprego podem ter natureza emocional, psicológica, física, comportamental, familiar, econômica, profissional ou social (ver Quadro 1. Para uma revisão, ver, por exemplo, Fryer e Payne, 1986; Leana e Feldman, 1988, 1992; Fineman, 1983; DeFrank e Ivancevich, 1986; Feather, 1990).

Efeitos nos remanescentes

Os efeitos nos remanescentes compreendem a série de reflexos que os enxugamentos provocam em cada indivíduo que permanece na empresa após os cortes, bem como a agregação desses efeitos em todos os demais. Uma vez que pessoas e organização influenciam-se mutuamente e, geralmente, de forma paradoxal e ambivalente, a separação entre essas duas instâncias tem propósito unicamente didático. Nessa linha de pesquisa, estudiosos no campo encontraram tantos efeitos negativos de cortes de pessoal entre os remanescentes que esse conjunto típico de sintomas já foi chamado de *síndrome de sobrevivente* (Brockner, Davy e Carter, 1985; Brockner et al., 1994; Curtis, 1989; Cascio, 1993). Como mostra o Quadro

2, esses efeitos podem ser divididos em quatro grandes grupos. Primeiro, os efeitos nas atitudes e, em seguida, nos comportamentos dos remanescentes. Por último, os efeitos relacionados à organização ou ao exercício da função profissional (ver Quadro 2. Para uma revisão, ver, por exemplo, Rice e Drelinger, 1991; Brockner, Davy e Carter, 1985; Brocker et al., 1994; Froiland et al., 1993; Tway, 1993; Daniels, 1995).

Fatores moderadores: é possível atenuar os efeitos de enxugamento?

Obviamente, os efeitos de enxugamento e de perda de emprego não são homogêneos para toda situação, organização ou indivíduo. A literatura, em geral, sugere que algumas variáveis moderadoras parecem mediar todas essas relações e conseqüências de enxugamentos, e elas precisam ser entendidas porque determinam a latitude (ou seja, a gravidade) desses efeitos. Em outras palavras, entendemos aqui como moderadores de efeitos de enxugamentos aqueles fatores ou circunstâncias que podem agravar ou atenuar os efeitos que os cortes provocam na organização, em seus membros e nos indivíduos demitidos. Para cada uma dessas instâncias, haveria então um conjunto de moderadores associados (ver Quadro 2).

Alguns desses moderadores são aqui chamados de passivos, pois são associados a condições favoráveis ou desfavoráveis dadas pelas circunstâncias ou pela história da organização: não há ação organizacional possível sobre tais fatores. Já um outro conjunto de moderadores – ativos – diz respeito à percepção de que empresas que realmente não têm outra opção além de desligar pessoal podem agir de forma mais pensada, respeitosa e justa possível: antes, durante e depois do corte.

Na verdade, todos esses cuidados e procedimentos não impedem a brutalidade que é o corte de pessoal, não eliminam os efeitos nos indivíduos demitidos e nos colegas que ficam nem garantem a gratidão ou o alívio de quem quer que seja. Em outras palavras, realmente não existe uma forma de fazer cortes de pessoal indolores para os indivíduos demitidos, para as comunidades em que vivem ou para as organizações e os colegas que deixam (Hardy, 1987, 1990; Leana e Feldman, 1992). Contudo, algumas empresas tendem a perceber que agir de forma mais pensada e humana é, antes de mais nada, moralmente, a coisa certa a fazer e também percebem que, do ponto de vista utilitário, esse tipo de procedimento pode ser benéfico a seus interesses. A pesquisa nesse campo sugere que existem práticas que as organizações podem usar para minimizar o estresse psicológico pelo qual passam os demiti-

Quadro 2	Efeitos (mais citados na literatura) nos remanescentes e moderadores.
Efeitos nos Remanescentes	**Moderadores**
Efeitos emocionais e psicológicos 79. Insegurança/medo. 80. Queda na auto-estima. 81. Trauma/instabilidade emocional: mal-estar, culpa, frustração, ansiedade, estresse, desespero.	Moderadores passivos 2. Experiência anterior da empresa com cortes. 3. Situação financeira da empresa à época do corte. 4. Visão da demissão pela cultura da empresa. 5. Enxugamento conjuntural × estrutural. 6. Ritmo dos cortes: de uma vez × aos poucos. 7. Enxugamento: mudança sistêmica × sem mudança sistêmica.
Efeitos atitudinais 82. Queda na dedicação, no comprometimento e na lealdade em relação à organização. 83. Aumento da resistência às iniciativas da empresa. 84. Cinismo em relação a esforços de envolvimento de pessoal. 85. Queda na motivação e satisfação em relação à empresa e ao trabalho. 86. Perda de confiança na empresa e/ou em sua direção. 87. Raiva/ressentimento em relação à empresa. 88. Queda na propensão a assumir riscos.	Moderadores ativos antes do corte. 8. Nível em que a empresa considerou outras alternativas. 9. Participação dos funcionários na decisão do corte. 10. Comunicação interna sobre a necessidade de corte. 11. Comunicação com a comunidade sobre a necessidade de corte. 12. Comunicação com o sindicato sobre a necessidade de corte.
Efeitos comportamentais 89. Absenteísmo/impontualidade. 90. Aumento de alienação, formalismo e rigidez no trabalho. 91. Aumento na rotatividade voluntária. 92. Queda em desempenho e produtividade individual. 93. Perda de criatividade.	Moderadores ativos durante o corte 13. Aviso antecipado aos demitidos. 14. Dignidade e respeito mostrados aos demitidos. 15. Justiça dos critérios de corte e de sua aplicação. 16. Critério e estruturação do processo. 17. Comunicação interna durante o processo. 18. Visão de futuro passada durante o processo. 19. Comunicação com a comunidade durante o processo. 20. Comunicação com o sindicato durante o processo.
Efeitos organizacionais 94. Sobrecarga. 95. Vivência e impacto individual dos efeitos dos cortes na organização.	Moderadores ativos depois do corte 21. Nível de compensação/indenização aos demitidos. 22. Extensão da validade dos benefícios aos demitidos. 23. Oferta de serviços/ajuda de recolocação. 24. Oferta de serviços/apoio de retreinamento. 25. Assistência/apoio aos remanescentes.

dos e para maximizar suas chances de reemprego satisfatório. Além disso, a maior parte dos estudiosos defende que, se necessário, cortes podem ser implementados planejada e cuidadosamente, por meios que minimizem o número de pessoas que devem ser demitidas e que também aumentem as chances de indivíduos e suas comunidades poderem recuperar-se melhor e mais rapidamente do trauma do enxugamento.

Desenho e Metodologia da Pesquisa

A pesquisa de campo aqui relatada constituiu, na prática, um estudo exploratório de um painel de quatro empresas que passaram nos últimos anos por processos significativos de enxugamento de pessoal no contexto brasileiro. A coleta de dados envolveu a realização de 58 entrevistas em profundidade com a direção de cada empresa, sindicatos, líderes comunitários, demitidos e remanescentes. Nesta seção, são sumarizados o escopo, a metodologia e as hipóteses da pesquisa.

O método da pesquisa de campo foi o de painel comparativo de empresas: por ser exploratório, buscamos um conjunto limitado de empresas em situação similar (passaram por processos significativos de enxugamento de pessoal) e procedemos a um levantamento de dados em profundidade, por meio de entrevistas estruturadas. O método consistiu em comparar as empresas do painel (e, em particular, comparar a gravidade dos efeitos que apresentaram em si mesmas, nos remanescentes e nos demitidos) em virtude do nível de presença dos moderadores organizacionais previstos teoricamente: são comparados os efeitos (variáveis dependentes) em cada uma das três dimensões – empresa, remanescentes e demitidos – em função da variação de presença dos moderadores organizacionais (variáveis independentes). Como resultado, podem ser inferidas hipóteses de relação (no caso, entre potenciais relações entre efeitos e moderadores) a partir do painel, que poderão ser testadas em pesquisa futura, com uma amostra mais abrangente.

Uma vez que a presença de efeitos e moderadores é determinada pela percepção de diversas pessoas em cada organização e já que a literatura aborda centenas de efeitos e moderadores potenciais, é natural que nem todas as medidas de todas as variáveis sejam coletadas. Aliás, a natureza exploratória da pesquisa objetiva precisamente pré-selecionar variáveis (efeitos e moderadores potencialmente relacionados) para estudos futuros. Por esse motivo, foi necessário primeiro selecionar, agrupar e instrumentalizar, de toda a literatura disponível, as variáveis (moderadores e efeitos) que seriam incluídas no estudo. Após esse processo, largamente discutido em parte teórica não incluída neste artigo, as variáveis foram distribuídas (nem sempre com repetição) entre cinco roteiros de pesquisa distintos: para demitidos, para remanescentes, para a empresa (sua voz oficial), para a comunidade (seus líderes) e para o sindicato.

A maior parte das variáveis foi medida com uma escala Likert de cinco posições: nessa escala, no que tange a moderadores, 1 designava a melhor situação – ou seja, o moderador estava inteiramente presente, o que, em tese, indicaria a situação mais favorável possível nas circunstâncias – e 5 indicava a pior situação – isto é, ou a ausência do moderador, ou uma situação particularmente desfavorável. Já no que diz respeito a efeitos, o 1 indicava a menor gravidade possível dos efeitos do enxugamento, enquanto 5 indicava que, na percepção do entrevistado, aquele efeito tinha-se manifestado (forte e generalizadamente) na experiência de enxugamento daquela empresa. Em ambos os casos, a atribuição 3 indica uma posição intermediária, sendo 2 e 4 usados para compor um *quasi continuum*.

Em função desse desenho, as variáveis foram modeladas e coletadas de forma a esperar que, quanto mais semelhantes as distribuições das respostas para certos moderadores e efeitos, maior a probabilidade de existir uma relação entre eles e maior o potencial para investigar mais detidamente uma possível relação em pesquisa futura.

A coleta de dados

Na prática, o componente mais complexo de uma pesquisa de campo como a aqui relatada é a composição do painel de empresas e, dentro de cada empresa, a composição de uma amostra de indivíduos a serem entrevistados. Como enxugamentos e demissões passadas não são assuntos populares no meio organizacional e como suas feridas, em geral, custam a cicatrizar, é comum que recebam recusas mesmo das poucas organizações que, neste país, são receptivas à pesquisa acadêmica. Após inúmeras recusas de diversas organizações, quatro empresas concordaram em participar do painel desde que seus nomes não fossem revelados. Depois, é necessário selecionar (quando possível, aleatoriamente), localizar e convencer a participar um número razoável de pessoas que viveram ou observaram o processo: (a) no mínimo um representante da direção da empresa, desde que tenha participado da condução do processo; (b) pelo menos um dirigente sindical da classe e região afetadas; (c) ao menos um líder comunitário da região afetada; (d) um mínimo de cinco indivíduos remanescentes do desligamento; (e) pelo menos cinco indivíduos demitidos durante o enxugamento.

O representante da empresa foi designado por uma organização participante: no geral, apenas um indivíduo foi designado para a entrevista. Ao todo, foram entrevistados em profundidade seis dirigentes. Por insuficiência de respostas, a fonte *sindicato* não foi utilizada. Situação semelhante ocorreu com representantes comunitários. Somente uma das quatro empresas do painel estava fora de uma região metropolitana: assim, a despeito da riqueza das duas entrevistas feitas, a fonte *comunidade* também teve de ser descartada da pesquisa. O grupo de remanescentes a ser entrevistado era, em geral, o mais acessível e aquele no qual – para evitar possíveis vieses de designação pela direção – preferimos usar amostras aleatórias, colhidas entre os funcionários atuais que eram empregados à época do enxugamento. Ao final do levantamento, foram feitas 24 entrevistas com pessoas de diversos níveis hierárquicos nesse público, todas consideradas válidas. Por fim, o grupo de demitidos constituiu o maior desafio do levantamento de dados, pela dificuldade de escolha e localização dos entrevistados. Primeiro, foi necessário escolher aleatoriamente conjuntos de ex-funcionários, a partir do banco de dados da empresa. Segundo, foi preciso obter as informações (telefone, endereço etc.) de cada pessoa à época do enxugamento. Depois, iniciamos um trabalho de procura, contato e convencimento das pessoas, até que uma amostra de ao menos cinco indivíduos por empresa fosse conseguida. Ao final da coleta, 25 entrevistas foram realizadas com demitidos das quatro empresas do painel, também de diversos escalões hierárquicos, sendo que 23 dessas entrevistas com demitidos foram validadas.

Metodologia de análise de dados

Como é tipicamente indicado para esse tipo de pesquisa (Eisenhardt, 1989, 1997; Brown e Eisenhardt, 1997), primeiro, foram analisados os dados pela construção de casos individuais e, depois, os casos foram comparados entre si em relação a um quadro de referência; neste texto, tal quadro de referência foi construído pela classificação dos diferentes moderadores e efeitos previstos na literatura. Em outras palavras, o método de painel exigiu que, primeiro, a verificação de ocorrência das variáveis (moderadores e efeitos) e de suas potenciais relações fosse feita em cada um dos quatro casos separadamente. Somente depois é que procuramos checar a consistência dessas ocorrências ou de suas potenciais relações entre os quatro casos.

Por sua vez, visando viabilizar a verificação de ocorrência das variáveis, decidimos utilizar um procedimento que combinasse observações qualitativas e medidas quantitativas exploratórias. As observações qualitativas derivaram das entrevistas e, tal como é comumente realizado em pesquisas similares, foram traduzidas de centenas de depoimentos feitos durante a coleta: muitos desses depoimentos constam do relatório completo da pesquisa em forma de citação (com os nomes das pessoas substituídos para proteger suas identidades), mas foram aqui suprimidos por uma questão de espaço editorial. Quanto às medidas quantitativas, em virtude não apenas do propósito exploratório da pesquisa, mas também do tamanho reduzido da amostra, não caberiam testes estatísticos. Assim, optamos por um procedimento de análise alternativo, com base na análise exploratória descritiva das distribuições (Morettin e Bussab, 1987). A premissa é que, quando tal análise sugerisse potencial relação entre as variáveis focadas nesse estudo exploratório, essas relações mereceriam investigação mais detalhada em trabalho futuro, na qual, com amostras maiores, algum estudo estatístico não paramétrico poderia ser aplicado.

O referido procedimento de análise previa quatro passos consecutivos. No primeiro passo, realizamos a construção de distribuições, com base nas respostas na escala Likert usada nos roteiros. As respostas foram agrupadas em três conjuntos: respostas na escala 1 (efeito não sentido ou moderador totalmente presente); respostas nas escalas 2 e 3 (efeito sentido moderadamente ou moderador medianamente presente); e respostas nas escalas 4 e 5 (efeito sentido significativamente ou moderador basicamente ausente). O segundo passo envolveu a validação das respostas e abrangeu essencialmente a análise de consistência de ocorrência, variável por variável, em cada empresa.[1] O terceiro passo abarcou as comparações de distribuições e objetivou a exploração de potenciais relações entre moderadores e efeitos por empresa: o método pressupõe que, dentro de uma mesma empresa, há indícios de potencial relação entre moderadores e efeitos que possuam distribuições de mesmo comportamento genérico.[2] Por fim, no quarto e último passo, o objetivo foi verificar quais relações entre moderadores e variáveis encontradas em empresas singulares (terceiro passo) repetiram-se nas demais (em duas ou mais). Feita essa análise, podemos começar a sugerir que, ao menos para situações que mostraram consistência em vários casos do painel, há indícios suficientes de que tais potenciais relações mereceriam uma investigação mais aprofundada num trabalho futuro.

---

1. Por exemplo: se uma distribuição de respostas para determinada variável – digamos, um efeito – sugerisse que na mesma empresa mais da metade dos indivíduos tinha sentido o efeito fortemente (atribuições 4 e 5), enquanto o restante distribuía-se principalmente nas escalas 2 e 3, notávamos consistência nas respostas e a distribuição era validada. Por outro lado, era possível que metade dos indivíduos atribuísse escala 5 (efeito gravemente sentido), enquanto a outra metade atribuísse escala 1 (efeito não sentido em absoluto): nesse segundo caso, a distribuição era descartada, assumindo-se que a resposta não tinha a mínima consistência.

2. Entendemos por comportamento genérico o padrão de distribuição que, independentemente de intensidade, apontasse para uma de duas situações extremas: (a) as respostas sugeririam primordialmente a ausência/leveza do efeito ou a presença do moderador; ou (b) as respostas sugeriam essencialmente a presença/significância do efeito ou ausência do moderador, ou seja, o protocolo de validação previa o descarte de todas as variáveis com distribuições afastadas desses dois extremos: embora esse protocolo de descarte seja severo, foi compatível com o objetivo de que apenas fossem sugeridos para investigação futura padrões significativamente confiáveis que a amostra apontasse entre moderadores e efeitos.

Resultados e Análise

Nesta seção, o propósito é sumarizar os resultados da pesquisa de campo, incluindo em especial os casos do painel e a análise de potenciais relações entre moderadores e efeitos, de forma a sugerir caminhos para futuras pesquisas.

Quanto ao painel comparativo, cada um dos quatro casos que o compõem tem uma situação e um contexto particular. Cada uma das empresas passou por um processo ou uma reestruturação diferente das demais. Cada um desses processos envolveu um conjunto distinto de eventos. Todavia, o que não mudou entre as quatro organizações foi um fato apenas: em todas elas, um montante significativo de pessoas foi demitido ao mesmo tempo, pelo mesmo motivo. Como toda a análise é baseada nos contextos e processos vividos por essas empresas, é fundamental que, antes de mais nada, os quatro casos sejam minimamente entendidos. Pelo menos, isso implica compreender um mínimo de características de cada organização e de seu contexto à época do processo de enxugamento pelo qual passaram (ver Quadro 3).

Quadro 3 As empresas do painel, seus contextos e processos.				
	Midiacom	**Cimencom**	**Construcom**	**Financom**
Setor de atividade	Comunicação e mídia.	Indústria de cimento.	Engenharia e construções.	Financeiro (banco).
Origem do capital	Nacional.	Nacional.	Nacional.	Nacional.
Porte	Grande porte.	Médio porte.	Grande porte.	Médio porte.
Amplitude do corte	Restrita: uma das áreas comportativas (CPD).	Moderadamente abrangente: uma fábrica.	Restrita: uma divisão de apoio corporativa.	Abrangente: banco adquirido por grupo empresarial.
Dimensões do enxugamento	70 das 100 pessoas da divisão, em um universo de milhares de funcionários.	Mais de 300 das 530 pessoas da fábrica incorporada.	350 pessoas (total da unidade, extinta após descentralização integral da função).	290 pessoas de um total de 1.100 que somavam as duas instituições à época da incorporação.
Contexto do enxugamento	Terceirização voluntária da área de CPD, como parte da tentativa de focar o grupo em suas atividades-fim e de centrar investimentos e sua área de negócio.	Incorporação de uma fábrica de cimento por um grupo maior. Dois cortes ao longo da transição provocados por saneamento e reestruturação: um por redução, outro por larga terceirização.	Fechamento de grande unidade central de suprimentos e manutenção de máquinas. Extinção proveniente de esforço abrangente de redução de custos na empresa.	Incorporação de uma empresa (banco e financeira) por grupo financeiro. Reestruturação em tempo recorde do conjunto resultante redundando em corte de pessoal que foi decidido em três dias.
Natureza do corte	Estrutural e voluntário: Não houve situação de crise ou pressão externa, nem tinha volta.	Estrutural e forçado: Mudança abrangente para implantação de novo modelo de gestão compradora. Houve situação de crise: se não houvesse mudança radical, a fábrica precisaria ser fechada.	Estrutural e voluntário: Função integralmente descentralizada para as obras (clientes internos). Não houve situação de crise: buscava-se melhoria em custos. Unidade era vista como "elefante branco".	Sistêmico e voluntário: Banco incorporador tinha grande financeira, na prática só queria o incorporado por seu banco comercial. Resultado: da incorporada, toda a financeira foi dispensada e todo o banco preservado.
Duração total do processo	11 meses (desde a análise e decisão até a implantação).	7 meses (desde o início da incorporação até o segundo corte).	12 meses (desde a análise e decisão até a implantação).	1 semana (desde o início da incorporação até o fim dos cortes).

Explorando a influência dos moderadores nos efeitos

Embora uma longa descrição e interpretação dos moderadores e efeitos em cada empresa pudesse ser de grande riqueza, o objetivo primário deste estudo foi analisar de forma exploratória potenciais relações entre esses moderadores e efeitos. Como já discutido, primeiro foram procuradas relações por empresa para, em segundo momento, buscar, entre essas potenciais relações, aquelas que se repetiram em várias das empresas no painel. Para realizar a análise no painel, foram levantados os moderadores com os quais cada um dos efeitos mostrou potencial relação pela comparação de distribuições descrita. O resultado desse cruzamento pode ser visto na Tabela 1, na qual os moderadores são listados nas colunas e os efeitos nas linhas. Os números em cada coordenada na Tabela 1 representam a quantidade de empresas do painel em que aquela combinação específica (moderador × efeito) mostrou relação na pesquisa. Esse número varia de 0 (a combinação específica de moderador e efeito em questão não mostrou relação em nenhuma das empresas do painel) a 4 (nas quatros empresas do painel, essa combinação de moderador efeito apareceu relacionada).

Assim, por exemplo, o efeito 26 (primeira linha da Tabela 1) mostrou potencial relação com o moderador 3 em uma empresa, com o moderador 14 em duas empresas e novamente com os moderadores 15, 16, 22 e 23 em uma empresa. Se assumirmos que há indícios de que um efeito é influenciado por moderador quando essa relação persistir em várias empresas, então, poderíamos concluir (últimas duas colunas da Tabela 1) que o efeito 26 provavelmente apresenta relação mais consistente com apenas um moderador: o de número 14. De forma análoga (linha seguinte), seria possível sugerir que o efeito 27 parece apresentar relação mais consistente com quatro moderadores (14, 15, 16 e 23), pois com cada um deles a relação repetiu-se em ao menos duas das empresas no painel. A análise para os demais efeitos pode ser feita de maneira similar.

Já para os moderadores, outra análise interessante pode ser feita, mais ligada às hipóteses da pesquisa: de acordo com o cruzamentos da Tabela 1, de todos os moderadores pesquisados, os de número 14, 15, 16 e 23 parecem ser aqueles com influência mais freqüente nos efeitos pesquisados: cada um deles mostrou relação razoavelmente consistente (duas ou mais empresas) com nada menos do que 38 efeitos ou mais! Por outro lado, somente os moderadores 14, 13, 9 e 4 indicaram forte influência sobre os efeitos estudados, apresentando relações que se repetiram em três ou mais das empresas do painel. Podemos verificar que o moderador 14 aparece nos dois grupos.

Tabela 1 Análise de potenciais relações: moderador × efeito entre as quatro empresas do painel.

Efeitos**	Moderadores													Contagem*	
	3	4	9	10	13	14	15	16	17	21	22	23	24	2x+	3x+
26	1	0	0	0	0	2	1	1	0	0	1	1	0	1	0
27	1	0	0	0	0	3	2	2	0	0	1	2	0	4	1
28	1	0	0	0	0	3	2	2	0	0	1	2	0	4	1
29	0	1	1	0	1	2	2	2	0	1	0	2	0	4	0
30	1	0	0	0	0	1	1	1	0	0	1	1	0	0	0
31	1	0	0	0	0	2	2	2	0	0	1	2	0	4	0
32	1	1	0	0	1	2	2	2	0	1	1	2	0	4	1
33	1	0	0	0	0	3	2	2	0	0	1	2	0	4	0
34	1	1	0	0	0	0	0	0	0	0	0	0	0	0	0
35	1	0	0	0	0	1	1	1	0	0	1	1	0	0	0
36	1	0	0	0	0	1	0	0	0	0	1	0	0	0	0
37	1	0	0	0	0	2	0	0	0	0	0	0	0	1	0
39	1	0	0	0	0	1	0	0	0	0	0	0	0	0	0
40	1	0	0	1	0	3	0	0	1	2	2	3	1	9	2
41	0	0	0	0	0	3	2	2	0	0	1	2	0	4	0
42	1	0	0	0	0	3	2	2	0	0	1	2	0	4	1
43	1	0	0	0	0	2	2	2	0	0	1	2	0	4	0
44	1	0	0	0	0	3	2	2	0	0	1	2	0	4	1
45	1	0	0	0	0	0	0	0	0	0	0	0	0	0	0
46	1	1	1	0	1	3	2	2	1	1	1	0	1	4	1
47	1	0	0	0	0	1	0	0	0	0	0	2	0	0	0
48	1	0	0	0	0	3	2	2	0	0	1	1	0	4	1
49	1	0	0	0	0	0	0	0	0	0	1	2	0	0	0
50	1	2	2	1	2	3	2	2	1	1	1	0	1	4	1
51	1	2	2	1	2	0	0	0	1	1	0	0	1	3	0
52	1	3	3	2	3	0	0	0	2	2	0	1	2	3	1
53	1	3	3	2	3	1	0	0	0	0	1	0	0	7	3
54	0	0	0	0	0	0	0	0	0	0	0	0	0	0	0

182 GESTÃO EMPRESARIAL

Tabela 1   Análise de potenciais relações: moderador × efeito entre as quatro empresas do painel.

Efeitos**	Moderadores													Contagem*	
	3	4	9	10	13	14	15	16	17	21	22	23	24	2x+	3x+
55	1	0	0	0	0	3	2	2	0	0	1	2	0	4	1
56	1	0	0	0	0	3	2	2	0	0	1	2	0	4	1
57	1	3	3	2	3	1	0	0	2	2	1	1	2	7	3
58	0	0	0	0	0	0	0	0	0	0	0	0	0	0	0
59	0	0	0	0	0	1	1	1	0	0	0	1	0	0	0
60	1	0	0	0	0	1	1	1	0	0	1	1	0	4	1
61	1	0	0	0	0	3	2	2	0	0	1	2	0	4	1
62	1	0	0	0	0	2	1	1	0	0	1	1	0	1	0
63	1	0	0	0	0	2	2	2	0	0	1	2	0	4	0
64	0	0	0	0	0	2	2	2	0	0	0	2	0	4	0
65	0	0	0	0	0	1	1	1	0	0	1	1	0	0	0
66	1	0	0	0	0	2	2	2	0	0	1	2	0	4	0
67	1	0	0	0	0	3	2	2	0	0	1	2	0	4	1
68	1	0	0	0	0	2	2	2	0	0	1	2	0	4	0
69	0	0	0	0	0	1	1	1	0	0	1	1	0	0	0
70	1	0	1	2	1	3	0	0	2	2	0	2	0	9	3
71	2	3	3	1	3	0	2	2	1	1	1	0	2	1	0
72	1	1	1	0	1	2	3	0	0	0	0	1	1	4	1
73	1	0	0	0	0	3	3	3	0	0	1	2	0	0	0
74	0	0	0	0	0	0	0	0	0	0	0	0	0	1	0
75	1	0	0	0	0	3	2	2	0	0	0	2	0	0	0
76	1	0	0	0	0	0	0	0	0	0	1	0	0	4	1
77	1	0	0	0	0	1	1	1	0	0	1	1	0	4	1
78	0	1	1	0	1	2	2	2	0	0	0	2	0	4	0
79	0	0	0	0	0	3	3	3	0	0	0	0	0	0	0
80	1	0	0	0	0	0	0	0	0	0	1	2	0	0	0
81	0	0	0	0	0	2	2	2	0	0	1	2	0	4	0
82	1	0	0	0	0	3	2	2	0	0	1	2	0	4	1

Tabela 1 — Análise de potenciais relações: moderador × efeito entre as quatro empresas do painel.

Efeitos**	Moderadores													Contagem*	
	3	4	9	10	13	14	15	16	17	21	22	23	24	2x+	3x+
83	1	0	0	0	0	3	2	2	0	0	1	2	0	4	1
84	1	0	0	0	0	2	2	2	0	0	1	2	0	4	0
85	1	0	0	0	0	2	2	2	0	0	1	2	0	4	0
86	1	0	0	0	0	2	2	2	0	0	1	2	0	4	0
87	1	0	0	0	0	3	2	2	0	0	1	2	0	4	1
88	1	0	0	0	0	2	2	2	0	0	1	2	0	4	0
89	1	0	0	0	0	3	2	2	0	0	1	2	0	4	1
90	1	0	0	0	0	3	2	2	0	0	1	2	0	4	1
91	1	0	0	0	0	2	2	2	0	0	1	2	0	4	0
92	1	0	0	0	0	3	2	2	0	0	1	2	0	4	1
93	1	0	0	0	0	3	2	2	0	0	1	2	0	4	1
94	1	3	3	2	3	2	2	1	2	2	1	2	2	9	3
95	0	1	1	0	1	0	1	0	0	1	0	0	0	0	0
Cont. 2X**	1	7	7	4	7	44	38	38	4	5	1	40	4	200	–
Cont. 3X**	0	3	4	0	4	25	0	0	0	0	0	1	0	–	37

* Contagem de quantas vezes existiram indícios da relação moderador/efeito em duas (ou +) e três (ou +) empresas.

** Os números de efeitos e moderadores aqui designados são os mesmos vistos nos Quadros 1 e 2.

No entanto, o que isso tudo quer dizer em termos práticos? Como esses dados poderiam ser relevantes para a pesquisa e para a prática no campo? Se destacarmos, entre os dados (exemplificados) da Tabela 1, apenas aqueles em que as relações potenciais são mais consistentes – ou seja, que se repetem em pelo menos três empresas –, podemos levantar algumas interessantes possibilidades úteis à prática e à pesquisa no campo:

a) A dignidade e o respeito com os demitidos mostrados pela empresa (moderador 14) parecem ser, como o senso comum e a literatura no campo há muito indicam, o fator com maior probabilidade de apresentar relação com os efeitos na empresa e no indivíduo, dentro daqueles estudados. Isso tem importantes implicações para a pesquisa e a prática empresarial, pois pode significar que tratar condignamente as pessoas em processo de desligamento pode não apenas ser, moralmente, a coisa certa a fazer, mas também pode exercer efetiva influência em quanto a própria empresa, os demitidos e os remanescentes irão sentir os previsíveis efeitos do processo. Se esse tipo de relação de moderação se verificar em futuros estudos, uma importante linha de pesquisa e de prática de gestão pode ser reforçada pelos resultados da pesquisa.

b) Outros fatores práticos em processos de desligamento, como, por exemplo, o aviso antecipado (moderador 13), a participação dos funcionários na decisão do enxugamento (moderador 9) e a visão da demissão na cultura da empresa (moderador 4), podem também exercer influência significativa em muitos dos efeitos de processos de demissão em massa. Caso tais relações também sejam confirmadas em futuros estudos, as implicações disso para a pesquisa e a prática empresarial são significativas. Isso pode significar que as organizações e os indivíduos responsáveis e conscientes envolvidos em contextos de enxugamento poderiam atenuar os efeitos das ações que precisam empreender caso procurassem melhorar os mecanismos de envolvimento dos funcionários no processo, maximizassem a extensão do aviso e da comunicação prévias e preparassem melhor seus funcionários para internalizarem que demissão e emprego são, em ambientes saudáveis, variantes normais da vida de trabalho.

c) Alguns dos efeitos comuns e dolorosos em processos de enxugamento, como a elevação de reclamações trabalhistas (efeito 42, no âmbito de efeitos organizacionais), o estresse e a tensão (efeito 53), a insegurança (efeito 57) e a dificuldade de recolocação (efeito 70, todos no âmbito dos efeitos nos demitidos), além da sobrecarga (efeito 94, no âmbito dos remanescentes), parecem estar relacionados com um número maior de moderadores do que os demais. Isso implicaria que a maior complexidade de relações causais envolvidas nesses efeitos merece estudo multifacetado e intenso se desejarmos sobre eles exercer maior controle. Para a prática, isso pode acarretar mais esforço e atenção de gestores que desejarem impedir sua ocorrência em organizações em processo de enxugamento.

Todas essas possibilidades parecem merecer aprofundamento em futuros esforços que se proponham a detalhar ou testar as potenciais relações aqui reveladas. Por um lado, é possível visualizar pesquisas qualitativas, cujo objetivo poderia ser o de aprofundar em empresas específicas algumas das relações sugeridas por esse estudo. Por outro, é possível imaginar diversas alternativas para pesquisas mais quantitativas que, com amostras maiores e mais direcionadas pelas possibilidades delineadas, possam aplicar testes estatísticos – provavelmente não paramétricos, se usarem o referencial previsto neste estudo – para testar a validade de muitas das relações aqui visualizadas.

IMPLICAÇÕES DA PESQUISA E CONCLUSÃO

O propósito desta última seção deste texto é o de rever rapidamente os resultados obtidos na pesquisa de campo, além de salientar as contribuições do estudo para a prática empresarial e para pesquisa futura. Tal como em geral acontece com estudos indutivos e exploratórios, a pesquisa levantou mais perguntas do que respostas e, portanto, abriu diversas possibilidades de pesquisa futura. Primeiro, ela indicou que os muitos elementos de contextos de enxugamento – moderadores e efeitos – prescritos ou descritos na literatura podem ser vistos em casos no Brasil, embora o estudo tenha mostrado que, em geral, sua detecção não é simples, pela ambivalência que circunda o tema e pela conseqüente falta de consenso sobre a incidência desses fatores. No que tange a esses elementos, a pesquisa extensivamente ilustrou o uso desses moderadores e a ocorrência desses efeitos no Brasil, com base no painel de quatro casos estudados. Segundo, a pesquisa mostrou que há realmente indícios de que diversos dos moderadores prescritos na literatura possam estar relacionados aos efeitos típicos dos enxugamentos na empresa e o indivíduo. Nesse particular, a pesquisa indicou onde (em que relações moderador × efeito) tais indícios pareceram mais fortes no painel, visando orientar pesquisas futuras mais aprofundadas que poderão testar a validade e a significância dessas relações.

Mais especificamente, a contribuição da pesquisa de campo aqui sintetizada pode se entendida ao percebê-la como tentativa de entender melhor os efeitos de enxugamento e a capacidade da organização (ao preservar ou ao inserir moderadores) em minimizar esses efeitos. Para entender melhor esse argumento, é preciso primeiro deixar claro o que a pesquisa não é. Essa pesquisa de campo não pode ser vista como representativa das muitas possibilidades de situações de enxugamento que são enfrentadas diariamente no Brasil. Nosso país é tão enorme quanto diverso – aqui convivem, sob um mesmo céu, desde a empresa de classe mundial até a mais primitiva das organizações. Na verdade, dificilmente seria possível representar adequadamente o universo de diferentes possibilidades de contexto e configuração que poderia apresentar uma organização em processo de enxugamento no Brasil. O estudo tampouco pode ser visto como teste fidedigno de todas as potenciais relações entre os muitos moderadores e efeitos de enxugamento previstos na literatura. Além de tantas variáveis configurarem um razoável problema estatístico, o tamanho, a composição e o tratamento da amostra teriam de ser diferentes para que testes mais confiáveis fossem possíveis. Enfim, a pesquisa de campo aqui relatada tem diversas limitações.

No entanto, ela é também uma tentativa pioneira em vários sentidos. Primeiro, a pesquisa é pioneira em sugerir a investigação sistemática desse tipo de contexto – enxugamento de pessoal em empresas – no Brasil: a julgar pela nossa produção (quase inexistente) de conhecimento nesse campo, poderíamos pensar que nosso país tem sido imune à praga de demissões coletivas. Bem, certamente, não é esse o caso. Segundo, a pesquisa é também pioneira na tentativa de auxiliar no direcionamento sobre aqueles fatores que, sob razoável controle da organização, em tese, podem atenuar ou moderar os efeitos de enxugamento em empresa e indivíduo. Embora muitas pesquisas compartimentadas tenham sido feitas em vários países sobre alguns desses moderadores, há poucas tentativas de sistematização das pesquisas que visam direcionar esforços para entender aqueles moderadores que podem exercer a maior influência sobre os efeitos mais indesejáveis. Por mais que essa pesquisa de campo não constitua *per se* tal sistematização ou elemento direcionador, ela denuncia sua necessidade e oferece elementos para sua busca em pesquisa futura.

É mais do que provável que, para o Ednei, tudo isso não faça a mínima diferença prática. É possível até que ache que nossa análise é muita conversa e que continue pensando que bom mesmo seria se isso fosse uma entrevista de emprego ou se a coisa toda não passasse de um sonho ruim.

No final das contas, o Ednei tem razão.

Mas esta pesquisa talvez tenha valido a pena se cumprir duas condições. Primeiro, se nos ajudar a entender mesmo por que o Ednei tem razão e de onde vem seu desespero, sem que para isso precisemos todos passar pelo que ele passou. E, segundo, se nos ajudar a responder até que ponto – ou, melhor ainda, de que forma – pessoas e organizações conscientes e responsáveis podem evitar, ou no mínimo atenuar, tudo aquilo que gente como o Ednei enfrenta todos os dias.

Referências Bibliográficas

BROCKNER, J.; DAVY, J.; CARTER, C. Layoffs, self-esteem, and survivor guilt: motivational, affective, and attitudinal consequences. *Organizational Behavior and Human Decision Processes,* v. 36, p. 229-244, 1985.

BROCKNER, J. et al. Interactive effects of procedural justice and outcome negativity on victims and survivors of job loss. *Academy of Management Journal,* v. 37, nº 2, p. 397-409, 1994.

BROWN, S.; EISENHARDT, K. The art of continuous change: linking complexity theory and time-paced evolution in relentlessly shifting organizations. *Administrative Science Quarterly*, v. 42, nº 1, p. 1-34, 1997.

CAMERON, K.; FREEMAN, S.; MISHRA. A Downsizing and redesigning organizations. In: HUBER, George P.; GLICK, William H. (Ed.). *Organizational change and redesign.* New York: Oxford University Press, 1993.

CASCIO, W. F. Downsizing: What do we know? What have we learned? *Academy of Management Executive,* v. 7, nº 1, p. 95-105, 1993.

COLE, R. Learning from learning theory: implications for quality improvements of turnover, use of contingent workers, and job rotation policies. *Quality Management Journal,* v. 1, p. 9-25, 1993.

CURTIS, R. L. Cutbacks, management, and human relations: meanings for organizational theory and research. *Human Relations,* v. 42, nº 8, p. 671-689, 1989.

DANIELS, K. A comment on Brockner et al. *Strategic Management Journal,* v. 16, nº 4, p. 325-328, 1995.

DeFRANK, R. S.; IVANCEVICH, J. M. Job loss: an individual level review and model. *Journal of Vocational Behavior,* v. 28, nº 1, p. 1-20, 1986.

EISENBERG, P.; LAZARFELD, P. F. The psychological effects of unemployment. *Psychological Bulletin,* v. 35, nº 6, p. 358-390, jun. 1938.

EISENHARDT, K. Bulding theory from case study research. *Academy of Management Review,* v. 14, p. 488-511, 1989 (número especial).

EISENHARDT, K. *Management theory:* the case for induction. In: ANNUAL MEETINGS OF THE ACADEMY OF MANAGEMENT. 1997. Boston. *Management theory*: induction or deduction, for the management profession or for ourselves?, 1997.

FEATHER, N. T. *The psycological impact of unemployment.* New York: Springer-Verlag, 1990.

FINEMAN, S. *White collar unemployment:* impact and stress. Chichester, Eng.: John Wiley, 1983.

FREEMAN. S.; CAMERON, K. Organizational downsizing; a convergence and reorientation framework. *Organization Science*, v. 4, nº 1, p. 10-29, 1993.

FROILAND, P. et. al. Fear and trembling after the downsizing. *Training*, v. 30, nº 8, p. 13-14, Aug. 1993.

FRYER, D.; PAYNE, R. Being unemployed: a review of the literature on the psychological experience of unemployment. In: COOPER, C. L.; ROBERTSON, I. (Ed.). *International review of industrial and organizational psychology.* Londres: John Wiley, 1986. p. 235-278.

GREENHALGH, L.; LAWRENCE, A; SUTTON, R. Determinants of work force reduction strategies in declining organizations. *Academy of Management Review,* v. 13, nº 2, p. 241-254, 1988.

HARDY, C. Investing in retrenchment: avoiding the hidden costs. *California Management Review*, v. 29, nº 14, p. 111-125, Summer 1987.

_____. *Strategies for retrenchment and turnaround:* the politicts of survival. Berlim; New York: De Gruyter, 1990.

JAHODA, M. Work, employment unemployment. *American Psychologist*, v. 36, nº 2, p. 184-191, Feb. 1981.

_____. *Employment and unemployment*. Cambridge, Eng.: Cambridge University Press, 1982.

LEANA, C. R.; FELDMAN, D. C. Individual responses to job loss: perceptions, reactions, and coping behavior. *Journal of Management,* v. 14, nº 3, p. 375-389, 1988.

LEANA, C. R.; FELDMAN, D. C. *Coping with job loss*: how individuaes, organizations and communities respond to job loss. New York: MacMillan: Lexington Books, 1992.

MISHRA, A; MISHRA, K. The role fo mutual trust in effective downsizing strategies. *Human Resource Management,* v. 33, nº 2, p. 261-279, Summer 1994.

MORETTIN, P; BUSSAB, W. *Estatística básica*. 4. ed. São Paulo: Atual, 1987.

RICE, D.; DRELINGER, C. After the downsizing. *Training and Development,* v. 45, nº 5, p. 41-44, May 1991.

SONNENFELD, J. A. Career system profiles and strategic staffing. In: ARTHUR, Michael B.; HALL, Douglas T.; LAWRENCE, Barbara S. (Ed.). *Handbook of Career Theory.* Cambridge: Cambridge University Press, 1989.

SUTTON, R.; EISENHARDT, K.; JUCKER, J. Managing organizational decline: lessons from Atari. *Organizational Dymanics,* v. 15, nº 4, p. 17-29, Spring 1986.

TOMASKO, R. *Downsizing:* reshaping the corporation for the future. New York: Amacon, 1987.

_____. Restructuring: getting it right. *Management Review*, p. 10-15, Apr. 1992.

TWAY, D. The living, breathing organization, *Training,* v. 30, nº 8, p. 74, Aug. 1993.

Serviços de impressão e acabamento
executados, a partir de filmes fornecidos,
nas oficinas gráficas da EDITORA SANTUÁRIO
Fone: (12) 3104-2000 - fax: (12) 3104-2016
http://www.redemptor.com.br - Aparecida-SP

Sim. Quero fazer parte do banco de dados seletivo da Editora Atlas para receber informações sobre lançamentos na(s) área(s) de meu interesse.

Nome: _____
_____ CPF: _____ Sexo: ○ Masc. ○ Fem.
Data de Nascimento: _____ Est. Civil: ○ Solteiro ○ Casado

End. Residencial: _____
Cidade: _____ CEP: _____
Tel. Res.: _____ Fax: _____ E-mail: _____

End. Comercial.: _____
Cidade: _____ CEP: _____
Tel. Com.: _____ Fax: _____ E-mail: _____

De que forma tomou conhecimento desse livro?
☐ Jornal   ☐ Revista   ☐ Internet   ☐ Rádio   ☐ TV   ☐ Mala Direta
☐ Indicação de Professores   ☐ Outros: _____

Remeter correspondência para o endereço: ○ Residencial   ○ Comercial

Indique sua(s) área(s) de interesse:

- ○ Administração Geral / *Management*
- ○ Produção / Logística / Materiais
- ○ Recursos Humanos
- ○ Estratégia Empresarial
- ○ Marketing / Vendas / Propaganda
- ○ Qualidade
- ○ Teoria das Organizações
- ○ Turismo
- ○ Contabilidade
- ○ Finanças
- ○ Economia
- ○ Comércio Exterior
- ○ Matemática / Estatística / P. O.
- ○ Informática / T. I.
- ○ Educação
- ○ Línguas / Literatura
- ○ Sociologia / Psicologia / Antropologia
- ○ Comunicação Empresarial
- ○ Direito
- ○ Segurança do Trabalho

Comentários

_____
_____
_____

ISR-40-2373/83

U.P.A.C Bom Retiro

DR / São Paulo

CARTA - RESPOSTA
Não é necessário selar

O selo será pago por:

editora atlas

01216-999 - São Paulo - SP

REMETENTE:
ENDEREÇO: